Todo lo es **Bueno**

Tu evolución hacia una vida armoniosa

Tere Beard

Mentora en autopublicación: Anita Paniagua

Edición y corrección de prueba: Mariangely Núñez Fidalgo

Diseño Gráfico: Amanda Jusino

Asesor gráfico: Edmundo Zevallos

Ilustración de la portada: Pak Sing Chan

Foto de Autora: Raúl Romero

Página web: www.terebeard.com

Correo electrónico: tere@terebeard.com

www.Facebook.com/TereHealthCoach

Tel.: 787-644-8200

Todo lo **MALO** es *Bueno*

Tu evolución hacia una vida armoniosa

Tere Beard

Dedicatoria

Me siento la persona más feliz, gracias a mis hijas Cristina y Stephanie, dos mujeres brillantes, alegres, de un corazón genuino. Ustedes dos han hecho de mi evolución una digna de vivir.

Tabla de contenido

Dedicatoria v

Prólogo ix

Introducción 1

Evolución de vida 5

    El manejo de la muerte 8

    Mi hermana se murió 11

    Reflexión de Evolución de Vida 21

Evolución en las relaciones 23

    Mi amiga se divorció, ¡bendito! 24

    Mi marido me dijo que estoy loca 27

    Reflexión de Evolución en las Relaciones 41

Evolución en el amor 43

    Me quitaron a mis hijos 44

    Mis hijas me dicen "la bruja" 47

    Amor propio 58

    Me amo y me acepto como soy 61

    Reflexión de Evolución en el Amor 75

Evolución en la salud 79

    La nena tiene depresión 84

    El síndrome 88

    Engordo no importa qué 96

    Reflexión de Evolución en la Salud 104

Evolución financiera 107

    Nadie votó por mí 109

    Mi maestra me dijo que nunca alcanzaría
    una carrera técnica 111

Me quieren botar del trabajo 116

Vidas paralelas.. 119

Reflexión de Evolución Financiera 142

Evolución de la Evolución 145

Plan de Evolución 148

Sobre la alimentación 150

Sobre los ejercicios físicos... y toda tu evolución 167

Sobre los ejercicios espirituales 174

La creatividad y las finanzas 187

Resumen del Plan de Evolución 193

El regalo de la Chef 195

Aceites esenciales 196

Los cristales 199

Libros a leer.. 201

Recetas 207

Para reducir el sodio 207

Para introducir vegetales en tu vida 208

Para darte un gustazo sin culpa 211

Aderezos 212

Coaching para tu salud 214

Sanación pránica 215

Evaluación de cortesía 218

Sobre la autora 220

Bibliografía 222

Índice 226

Tere Beard: Todo lo malo es bueno

Prólogo

*T*ere y yo nos conocemos desde niñas. Cada cual hizo su vida y, luego de muchos años, nos hemos reencontrado, ya mujeres maduras y profesionales en proceso constante de reinvención. Jamás imaginé que un día íbamos a tener tantas cosas en común. Pero el Universo se ha encargado de trazarnos rutas maravillosas en el mapa de la vida.

Ambas escogimos, en momentos de crisis personales, comenzar búsquedas internas como alternativas para ayudarnos en procesos de sanación. En medio de esas búsquedas, descubrimos, sin querer, nuevos propósitos de vida. Ambas le dimos giros de ciento ochenta grados a nuestras carreras profesionales al decidir redirigirlas hacia el área de la salud y el bienestar físico y emocional de los demás. Y es que cuando uno va encontrando las respuestas a sus preguntas existenciales y ve cómo su vida se va transformando, resulta inevitable querer compartir con otros esa riqueza.

> *Cuando uno va encontrando las respuestas a sus preguntas existenciales y ve cómo su vida se va transformando, resulta inevitable querer compartir con otros esa riqueza.*

Como bien dice Tere en el título de su libro, no me cabe duda alguna de que "todo lo malo es bueno". Todas y cada una de las experiencias negativas y dolorosas que he vivido, han sido determinantes en mi proceso de crecimiento personal. Fueron esos momentos de oscuridad emocional, de no saber qué hacer ni hacia

> *Uno comienza buscando afuera, para poco a poco ir dándose cuenta de que todo lo que necesitabas estaba dentro de ti, solo esperando a ser descubierto.*

dónde caminar, los que me llevaron a encontrarme. Uno comienza buscando afuera, para poco a poco ir dándose cuenta de que todo lo que necesitabas estaba dentro de ti, solo esperando a ser descubierto.

Tere y yo coincidimos en que la felicidad es una responsabilidad personal. Estudios realizados sobre el tema de la felicidad también coinciden en que la forma en que interpretamos nuestras circunstancias de vida va a determinar, en gran medida, nuestro nivel de felicidad. En otras palabras, que lo que nos hace felices o infelices no es cuánto nos golpee la vida, sino cómo nuestra mente responde a esos golpes. La vida es cambio constante; una larga secuencia de ganancias y pérdidas. Por lo tanto, todos los días vamos a tener la oportunidad de escoger ser víctimas o sobrevivientes; de llenarnos de resentimientos o practicar la compasión; de ser generosos o ser egoístas.

Si bien no podremos jamás controlar las acciones de otros, ni lo que nos depara el futuro, sí podemos prepararnos para responder más saludablemente a las crisis y cambios que puedan surgir. Esta preparación requerirá la capacidad para la autoevaluación, para conocer y aquietar nuestras mentes, y para aprender a reconocer cuándo debemos soltar y cuándo tomar acción.

Todo en nosotros está interconectado: nuestro campo energético se tiñe, crece o se contrae como consecuencia de nuestras acciones, pensamientos, y emociones. Esos cambios energéticos se transforman a su vez en biología, en achaques, enfermedades y condiciones. De ahí la importancia de escuchar nuestras mentes y nuestros cuerpos, de conocer nuestras respuestas y de aprender a transformar todo lo que podría ser negativo y debilitante en nuevas fortalezas.

Es de ese balance de mente y corazón, de responsabilidad y fe, de amor por uno mismo y por los demás, que nace la verdadera felicidad y la salud que la acompaña. Gracias, Tere, por tu generosidad al compartir con nosotros tus herramientas de crecimiento emocional y espiritual. Y como decimos en la práctica del budismo, "me regocijo en tus méritos".

En amor,

Lily García
comunicadora y *coach* de vida

Introducción

*L*as personas que me conocen se sorprenderían al enterarse de que he pasado por experiencias tan horribles como el maltrato, el quedarme sin trabajo, una muerte repentina y hasta una violación sexual. A través de mi vida, la gente me ha dicho, y me sigue diciendo, que a mí todo me sale bien... y así mismo lo creo. Como soy *coach* de salud y sanadora pránica, se espera que a mí todo me salga bien.

Cuando estoy compartiendo con amistades o estoy en algún lugar público y escucho a la gente hablar sobre todas las cosas malas que le están pasando, o que le han pasado, es cuando me doy cuenta de que me pasó eso o algo parecido o algo peor. Entonces, ¿por qué no me estoy quejando como la mayoría?, ¿por qué no me estoy ahogando en mi miseria?, ¿por qué no siento odio contra Dios, los hombres, mi familia, mis amistades, el gobierno, etc.? Si estamos hechos a la semejanza de Dios, ¿por qué a algunos todo les sale bien y otros nacieron para sufrir?

Tomé la decisión de compartir varias de las experiencias negativas por las que he pasado. Fíjate que no dije "que me han pasado", pues no me siento víctima, me siento aprendiz. Siento que han sido parte de, y necesarias para, mi evolución. Sí, pasé por unas transformaciones porque ya no soy quien era. Sí, pasé por unas transiciones porque he vivido bajo diferentes condiciones. Y evolucioné porque mi diseño actual es superior al anterior. Soy feliz y agradezco todo lo malo que me ha ayudado a vivir lo bueno. Todo lo que he vivido me ha ido formando. Entiendo que las experiencias te llevan a aprender y no a sufrir. Por eso creo que todo lo malo

> *Soy feliz y agradezco todo lo malo que me ha ayudado a vivir lo bueno.*

es bueno; y hasta que no aprendes, no puedes pasar a la próxima lección. Si no aprendes, la vida te va a repetir la lección. Así que te recomiendo: aprende, aprende rápido.

Comparto mis vivencias a través de este libro pues en este momento, me siento preparada para contarlas, de manera que sirvan de inspiración para que tú también evoluciones a una vida feliz. Te invito a que reflexiones y evalúes cómo reaccionas ante situaciones adversas y cómo reaccionas a situaciones positivas. Te presentaré dos puntos de vista para cada situación: el de quien nació para sufrir y el que usé para mi proceso evolutivo. Ambos deben ayudarte a que puedas decidir cuál estilo de vida será más saludable para ti. Al terminar cada capítulo, te haré varias preguntas que te ayudarán a reflexionar. Al final del libro, utilizaremos estas preguntas para crear un plan de evolución. Dentro de la sección del Plan de Evolución, describo una variedad de técnicas que fui descubriendo y cómo estas me apoyaron a evolucionar para vivir en armonía conmigo y con el mundo que me rodea.

Los conceptos y enfoques que uso en mis sesiones como *coach* de salud y sanadora pránica, los he ido aprendiendo y adoptando según pasan los años y las experiencias. Creo que si estás pendiente, el Universo (Dios) te asiste y te provee los medios, las guías y te despierta la intuición. Y una vez más, tienes que estar pendiente, prestando atención, para aprenderlas y ponerlas en práctica.

Escribí estas páginas con mucho amor y sentimiento. Espero que te ayuden para que a ti también te digan: "Es que a ti todo te sale bien". Cuando entiendas que todo lo malo es bueno, tu vida evoluciona a ser un verdadero placer.

Evolución de vida

Desde que nacemos, todos estamos evolucionando, algunos más que otros, o mejor dicho, a algunas personas se les nota más que a otras. Se habla de transformación, se habla de transición y se habla de evolución. La transformación requiere dejar de ser lo que eras para transformarte en alguien nuevo. Es un cambio total. Hay muchos animales que se transforman, como la mariposa y la culebra.

En algún momento, una mariposa se transforma de oruga a mariposa mientras que una culebra pequeña, se transforma en una culebra mucho más grande y deja atrás su piel de cuerpo pequeño.

La transición te permite sobrevivir y vivir de un ambiente a otro. Una salamandra puede sobrevivir en todos los elementos, fuego, aire, tierra y agua. Por eso puede hacer una transición de un ambiente a otro y mantenerse en armonía.

Por último, la evolución te permite crecer, prepararte y, solo cuando estás lista(o), evolucionas a tu próxima etapa. La libélula es un insecto que ha evolucionado pasando por transformaciones y transiciones a través de millones de años. Es un insecto que puede volar eficientemente en seis direcciones diferentes: hacia arriba, abajo, al frente, atrás, sobre el lado izquierdo y sobre el lado derecho. Es tan  eficaz que no tiene que aletear tan rápido como otros pájaros o insectos para mantener su vuelo. Por eso es ejemplo de la evolución, tiene un diseño envidiable.

La evolución de la vida es un proceso de desarrollo que puede durar muy poco o una eternidad. Durante una evolución, debe haber transformaciones que te hacen cambiar y puede haber transiciones para poder pasar por diferentes tipos de caminos. La duración de tu evolución depende de cuáles son tus lecciones de vida y tu actitud hacia ellas. Hay niños que dejan este plano a muy corta edad porque cumplieron su misión, mientras otros se quedan por más de 100 años, pues su enseñanza o su misión les toma más tiempo.

La libélula es un insecto que está cuatro años evolucionando antes de convertirse en adulto. Una vez llega a su adultez, su diseño está completo. Vive en el momento presente como la libélula y sé consciente de quién eres, dónde estás, qué estás haciendo, qué quieres y qué no quieres. Toma decisiones en el ahora. Si estás listo para hacer algo hoy, ¿por qué esperar a mañana? Así podrás vivir sin reproches.

En esta sección, comienzo un relato sobre evoluciones de vida. La intención es presentar cómo algunos deciden quedarse viviendo una misma experiencia

La duración de tu evolución depende de cuáles son tus lecciones de vida y tu actitud hacia ellas.

mientras otros decidimos evolucionar. ¿Dices que quieres ser feliz? ¡Pues hazlo! ¡Continúa tu evolución!

El manejo de la muerte

El hijo de mi amiga murió. Era un chico joven, adolescente, ganador de medallas de honor por ser un buen estudiante; un chico añoñado por sus abuelos, por ser el mayor de los nietos; un niño a quien se le compraba de todo, para que estuviera con lo último de la moda; un niño que se salía con la suya, pues nadie lo podía regañar, era el que mejor hacía todo, ¡claro! si era el mayor de los nietos, tenía que saber más que los otros nietos menores. Los abuelos se encargaban de dejarle saber a todos los nietos, que el mayor era especial. Este joven era especialista en manipular muy bien a sus padres y abuelos. Y como no había disciplina, poco a poco se fue juntando con otros jóvenes con miras a tomar el camino rápido al éxito: los puntos de drogas. Así fue cómo, un chico que pudo haber sido lo que quisiera, escogió un camino lleno de engaños. Buscaba que lo disciplinaran y por eso hizo cosas cada vez peores. Pero nadie nunca lo puso en su sitio, hasta que se les salió de las manos. Ni los padres, ni los abuelos pudieron frenarlo. Ya era dueño del mundo, sabía más que nadie y nadie lo iba a detener. Y como desde chiquito le enseñaron a que él podía salirse con la suya, así continuó, hasta una buena noche que se pasó de listo y fue asesinado.

Entonces, vienen los análisis, las culpas, el apuntar el dedo. "¿Quién fue el culpable que mató a mi nieto?", gritaba la abuela, "Si ese niño era tan bueno... ¿Por qué yo?, ¿por qué esto me está pasando a mí?". Hay que buscar al culpable. Hay que pasar juicio.

Ya han pasado diez años y todavía es tema preferido en las reuniones de familia... para recordar que ellos tienen que sufrir por esta gran tragedia. (Por favor, no me malentiendas, estoy muy de acuerdo que es horrible). Pienso que el asesinato fue horrible; y también pienso que es horrible que el amor haya sido confundido con falta de disciplina. Cuando uno quiere a un hijo, hay que enseñarle disciplina, honestidad y respeto. Es uno de los actos de amor más bonito.

Los hermanos que quedaron vivos no tienen permiso para salir. En esta casa, toda decisión se toma basada en el peligro en que viven, pensando que ellos también serán víctimas de la muerte temprana y trágica. Toman medicamentos para dormir y para bajar la ansiedad, como si los medicamentos fueran la solución a todo. Cuando se tapa el síntoma, no se ve la causa. Es como tapar una gotera, el tubo sigue roto, tarde o temprano se hará un hueco más grande y entonces dejará de ser gotera para convertirse en un desastre que dañará todas las pertenencias en la habitación.

Le tienen miedo a todo: si no es un asalto, será una enfermedad. De seguro habrá algo que los atacará. Dudan de cada descubrimiento que la ciencia logra. Por ejemplo, la ciencia ha comprobado que cuando meditas, los puntos energéticos de

> *Cuando se tapa el síntoma, no se ve la causa.*

tu cuerpo se alinean y se comportan en armonía, lo que te permite encontrar soluciones, aprender más rápido, ser más creativo y asistir a tu cuerpo, tu mente y tu alma en su sanación. El integrar la meditación a tu vida trae como resultado el que puedas dormir y pensar mejor y aumentar tu sistema inmunológico. Esto ha sido comprobado por muchos científicos y escuelas de meditación, desde el Instituto Monroe https://www.monroeinstitute.org/ hasta Gregg Braden http://www.greggbraden.com/ y los doctores Joe Dispenza http://www.drjoedispenza.com/ y Bruce Lipton https://www.brucelipton.com/.

¿Por qué mi amiga prefiere hundirse y quedarse sin aire, sin vida?, ¿por qué disfruta del sufrimiento?, ¿por qué hacerles la vida una miseria a los demás hijos? Pelean entre sí, culpándose de sus respectivos problemas. Y pienso, *¿se supone que yo haga algo para ayudar?* El día que les sugerí buscar ayuda, rápido me dispararon con "tú no sabes lo que es esto. Para ti es muy fácil desde afuera". Al principio pensé: *es cierto, a mí todo me sale bien y yo no sé lo que es esto.* Pero entonces, seguí pensando y me dije: *pues no, yo sí sé lo que es esto.* No me había dado cuenta, sí pasé por esto. Yo sí podía decir: "Pobre de mí, que mi papá no me daba ni un abrazo, ni un beso, ni una palabra por días". Yo sí podía decir: "Mi mamá me gritaba por cualquier cosa que yo hacía, bien o mal". Yo sí podía, y lo puedo decir, porque mi hermana murió.

Mi hermana se murió

¿Eso es malo?, ¿en serio?, ¿hay que explicar por qué la muerte de un ser querido es algo malo? Yo tenía dos años cuando Laurie murió. La verdad es que no me acuerdo de ella. Pero mami me cuenta que Laurie me cuidaba todo el tiempo, cumpliendo su rol de hermana mayor. En las fotos que quedan por ahí, ella sale al lado mío, agarrándome la mano, pendiente de mí.

Faltaban cuatro días para que Laurie cumpliera sus cuatro años. Era la primera vez que le iban a celebrar

su cumpleaños en grande.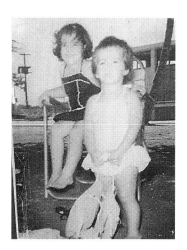
Mami pensaba que cuando
eres un bebé en realidad no
sabes lo que está pasando
y, por lo tanto, no vale
la pena hacer una fiesta
grande. Papi cumplía años
al día siguiente. Así que
cuando Laurie comenzó a
toser, mami decidió llevarla
al hospital sin despertar a papi. El pobre tenía que ir
al otro día, el día de su cumpleaños, a Ponce, por La
Piquiña. Para los que no hayan estado por La Piquiña,
es la carretera que existía antes de que construyeran
el expreso que une a San Juan en la costa norte de
Puerto Rico con la Ciudad Señorial, Ponce, que queda
en la costa sur. Puerto Rico tiene una cordillera que
cruza de este a oeste. De manera que, para ir de San
Juan a Ponce hay que atravesar la Cordillera Central.
Si viviste esa época, sabes que era un viaje de muchas
curvas, lento y tedioso. En el mapa que incluyo, verás
cuantas curvas.

¿Por qué mami decidió llevar a Laurie al hospital a las
10:00 p.m. por una supuesta infección de garganta?
No lo entenderé. Me imagino que fue esa intuición
que solo una madre tiene, lo que la hizo tomar esa
decisión rápidamente. Su fiebre subió y subió, su doctor

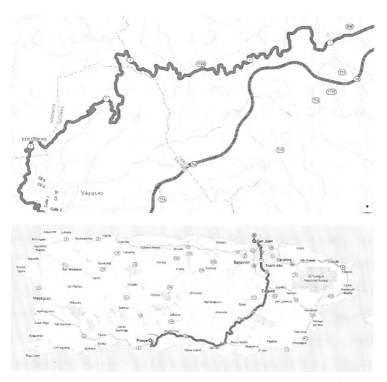

nunca apareció y, qué puedo decir, a la 1:00 a.m., en el día del cumpleaños de mi papá, me quedé sin mi hermana. ¿Cómo una simple infección de garganta se convirtió en una septicemia que le quitó la vida a mi hermana en tan solo tres horas? Nunca lo entenderé.

No puedo imaginarme la cantidad de sentimientos encontrados en ese momento, cuando tu hija ya no está, cuando hay que ir a buscar a tu esposo, despertarlo de madrugada para decirle lo que pasó, en vez de *feliz cumpleaños*. ¿Cómo puedes echar el tiempo hacia atrás? Tiene que haber alguna manera de retroceder en el tiempo y arreglar este desastre.

Los días pasaban y preguntaba *¿dónde está Laurie?* Mami no me respondía. Papi no me respondía. Poco a poco, me fui olvidando hasta que dejé de preguntar. Me olvidé. Nos tomó mucho tiempo entender por qué sucedió algo tan horrible.

Así fue cómo, en tres horas, me convertí en hija única. En los años venideros, fui el punto de todo lo bueno y todo lo malo. Me bombardeaban con el coraje, la frustración, el dolor, la pérdida, todos los sentimientos negativos… y yo sin entender qué estaba pasando. Mi papá se encerraba en su mente por días, sin hablar. Mi mamá gritaba por cualquier cosa y aunque el coraje le pasaba rápido, me quedaba sin entender por qué papi no habla, por qué mami grita tanto.

¿Eso es bueno para mí?

¿Estás loco(a)?, ¿que la muerte de una hermana es algo favorable? Imposible, ¿verdad? Al principio, mami y papi tenían mucho coraje, como es de esperarse, con pocas ganas de vivir, sin paz, consolación o amor en sus corazones. Había un sentimiento de dejadez, pero, ¿cómo podían rendirse si estaba yo en el medio? Laurie murió y podían darse por vencidos. Pero, ¿qué harían conmigo?, una bebé de dos añitos. Así que ambos decidieron buscar ayuda y así comenzaron a visitar a un psiquiatra semanalmente, uno durante seis años, el otro, por siete años. Encontraron, muy en lo profundo, unos monstruos que llevaban viviendo cómodamente con ellos desde muy temprana edad, y no fue hasta que Laurie murió, que esos monstruos crecieron y salieron.

El monstruo Soledad vivía con papi desde muy pequeño, pues sus hermanos eran mayores que él y, por lo tanto, no tenía con quién jugar. Papi nació en los Estados Unidos durante la Depresión y, aunque venía de una familia adinerada, eran tiempos difíciles para todos. Papi vivía en su propio mundo. El monstruo Abandono llevaba con mi papá desde muy jovencito, de hecho, desde los once años cuando su papá, mi abuelo, murió repentinamente y los abandonó. Siguieron la costumbre de aquella época y del lugar donde mi papá se crió, Old Saybrook, Connecticut: su madre, él y sus dos hermanos, se fueron a vivir con su tía, la hermana mayor de su mamá. En esa mudanza, vino el monstruo Odio, el cual se acomodó rápidamente. De momento, mi papá sentía odio hacia sus hermanos mayores, que lo mandaban todo el tiempo; sentía odio hacia su tía, que lo regañaba continuamente; y sentía odio hacia su madre que, según él, no hacía nada al respecto y se dejaba dominar por su hermana mayor. Me imagino que el otro lado de la moneda, lo que mi papá no entendía por ser tan pequeño, era que los hermanos mayores estaban tratando de llenar el rol de padre que había quedado al descubierto; su tía buscaba ayudar a su hermana ante la situación; y su madre estaría en algún tipo de depresión al perder a su esposo.

Mientras tanto, en Puerto Rico, mi mamá, que vivía en el mismo pueblo de Ponce, también conoció al monstruo Abandono, pues todos los días pasaban dos señoras por la acera, una más alta que la otra y mi abuela le decía a mi mamá y a mi tía, que estas eran sus verdaderas madres, quienes las habían abandonado. La alta era la mamá de mami y la bajita la mamá de titi. Era un gran chiste para mi abuela, pero a mi mamá nunca le gustó. Todas las tardes, día tras día, mientras fue una niña, y sin entender el chiste, lloraba porque su verdadera madre la había abandonado. Entonces vino el monstruo Inseguridad y la acompañó a todos lados. Mi tía, quien era la hermana mayor, era la más inteligente y la más linda de las dos. Todos admiraban los ojos verdes de titi. En la escuela la adelantaron de grado porque era muy inteligente. Mi mamá, al ser la menor, dizque menos inteligente y no tan bonita, sentía que era su sombra, se veía última en todo. Que quede claro: mi mamá es una mujer sumamente inteligente y guapa. Para combatir al monstruo Inseguridad, decidió hacer muchas amistades que la apreciaran. Aprendió a sobresalir de otras maneras. Se le hacía fácil realizar algunas cosas positivas como cantar y otras no tan positivas como gritar y pelear. Fue así que aprendió a batallar contra el monstruo

Inseguridad y trajo al monstruo Gritar al panorama. Como dicen por ahí, un clavo saca a otro clavo.

La muerte de un ser querido no tiene explicación, sobre todo, cuando sucede a destiempo. No se supone que un hijo muera antes que un padre. Cuando sucede, el tiempo es lo único que parece ayudar. Un día a la vez. Buscar una explicación es imposible.

Pienso que Laurie vino para protegerme. Si Laurie no hubiese muerto, mis padres no hubieran buscado ayuda y, entonces ambas, Laurie y yo, hubiéramos sido víctimas de los monstruos de mami y papi. Al buscar ayuda, ambos comenzaron a trabajar con sus respectivos problemas y a entender

No se supone que un hijo muera antes que un padre.

que tenían que echar hacia adelante y que podían llegar a ser felices. Pensaban que lo hacían por mí, sin embargo, se dieron cuenta que lo importante era hacerlo, no por mí, sino por ellos. Comenzaron a entender que tenían una labor que hacer: enseñarme de la mejor manera posible cómo convertirme en un buen ser humano.

Con la ayuda del psiquiatra, mi papá comenzó a salir de ese lugar donde se encajonaba por días sin hablar; mami comenzó a sonreír y dejar de gritar tanto. No me sobreprotegían, me dejaban ir a jugar con mis amigas, me dejaban correr bicicleta todo el día y hasta me dejaban bañar en el mar y que las olas me revolcaran. Ellos, con dolor en el alma y llorando a escondidas, a los once años me dejaron en un campamento en los EEUU, para que yo tuviera la oportunidad de estar con otras niñas, aprendiera a compartir y a desenvolverme por mí misma.

¿Cuál es la diferencia?

Me maravillo cada vez que pienso lo que habrá sentido papi el día que me tiré en lo hondo de una piscina sin saber nadar, dos años después de la muerte de Laurie, y él se enteró porque un extraño le preguntó si la que estaba en el fondo de la piscina era yo. ¿Cómo hubiera sido ese sentido de culpa si yo también fallezco a temprana edad? Cada vez que pienso en el sacrificio de dejarme ir tres veranos a campamentos fuera de Puerto Rico, expuesta a cualquier accidente, me sorprendo del crecimiento que lograron gracias a estas terapias psiquiátricas. Durante el último año de campamento, a los trece años, fui hospitalizada en un pueblo muy pequeño en los EEUU, con una enfermedad que no se sabía lo que era pero que según me decían, no todos se morían. ¿Qué habrán sentido mis padres que se vinieron a enterar cuatro días después? ¡Qué ironía de la vida! ¿Cómo pudieron darme libertad en vez de sobreprotegerme? Estoy muy convencida de que los años de terapia los ayudaron a entender que la muerte de Laurie no podía dominar nuestras vidas.

Mis padres entendieron que Laurie cumplió su misión a muy corta edad. ¿Les dolió la pérdida de Laurie? Claro que sí, todos los días. Pero cada día dolía menos. Gracias a ella, nuestras vidas mejoraron. Ella lleva protegiéndonos toda la vida y estoy segura de que protege a mis dos bellas hijas. Doy gracias todos los días por quererme y acompañarme. Doy gracias por el doctor que ayudó a mis padres a entender, a cambiar, a crecer, a perdonar, a ser felices. ¿Y mis padres? Lograron ver la vida con alegría, lograron tener un matrimonio feliz, no acabaron en un divorcio. Lograron completar el camino, ver y compartir mis logros, añoñar a sus nietas y disfrutar cada día lo que el Universo ofrece. Mis padres aprendieron a compartir, disfrutar la vista del mar, a sentir la brisa del trópico, a reír. Continuaron aprendiendo que la vida te ofrece lecciones, unas más fuertes que otras. Al final, está en ti si quieres enfocarte en la lección o en el problema. Está en ti romper con el sufrimiento.

Cincuenta años después de la muerte de Laurie, al preguntarles a mis padres qué opinan de sus respectivas vidas, ambos dan gracias por la vida maravillosa que han tenido. Y recalco *maravillosa*, pues así la sienten.

Si te sientes ahogada(o), atrapada(o), sin solución, busca ayuda. Tú no tienes que ser Superman o la Mujer Maravilla. El más que sufre no es el primero que llega al cielo. Todos tenemos derecho a ser felices. Sufrir no te hace mejor persona. Al contrario, sufrir tiene un impacto fisiológico en tu cuerpo, le hará daños a tus órganos y sufrirás de una o varias enfermedades innecesariamente. ¿Eso es lo que quieres en tu vida?

> *El más que sufre no es el primero que llega al cielo.*

Reflexión de Evolución de Vida

Te invito a que reflexiones.

¿Has tenido traumas en tu vida?

___Sí ___No

Explica:

_____

_____

_____

¿Crees que mereces ser feliz?

___Sí ___No

Explica:

_____

_____

_____

¿Estás lista(o) para hacer el cambio?

___Sí ___No

Explica:

_____

_____

_____

Si tienes miedo, ¿de qué tienes miedo?

___Sí ___No

Explica:

_____

_____

_____

¿Tienes coraje por las cosas malas que te han pasado o que te pasan? ___Sí ___No

Explica:

_____

_____

_____

¿Por qué crees que te pasan estas cosas que te dan tanto coraje? ___Sí ___No

Explica:

_____

_____

_____

Recuerda: una vez hayas contestado estas y las preguntas de todos los capítulos, pasa al final del libro para preparar tu Plan de Evolución.

Evolución en las relaciones

*H*ay relaciones que duran toda una vida y otras que son pasajeras. ¿Por qué la diferencia? Hay muchas razones que pueden influir, desde la madurez de las personas involucradas en la relación, qué aprendizaje deben pasar, si tienen situaciones kármicas, etc. ¡Qué divino es conocer a alguien que hace clic contigo de inmediato! Más divino es ver cómo pasan los años y los individuos en la relación evolucionan juntos, pasando por etapas, aprendiendo, apoyándose como pareja. ¡Cuántas veces he visto personas que eran amigos o conocidos y al pasar los años se convierten en pareja! Y es que, hasta que no estás lista(o) para la relación, no puedes comenzarla. Si la fuerzas, acabará mal, sin cumplir su misión de aprendizaje. Si esperas, no tan solo completarás tu aprendizaje, sino que te lo disfrutarás mucho más. Me parece que es importante fluir en las relaciones, como los bambúes que son tan fuertes pero a la misma vez el viento los puede mover. ¿Has escuchado la música armoniosa que hace el viento cuando pasa entre los bambúes? Eso es una relación divina.

Mi amiga se divorció, ¡bendito!

Todo el mundo se enteró. Era un matrimonio casado por la iglesia católica, apostólica, romana; personas de "buena familia". ¿Cómo es posible? ¡Qué escándalo!

Él la dejó por otra. Los cuatro hijos saben todo el detalle de lo horrible que él fue como marido y cómo fue que la engañó numerosas veces. Ella se ha encargado de que todos lo sepan. El cuento lo va a repetir aunque no estés dispuesta(o) a escucharlo. "¿Cómo es posible que me haya dejado por otra?", dice mi amiga. "Él lo negó todo hasta que lo perseguí sin que él se enterara… y lo agarré con ella. No lo pudo negar porque soy más lista. Y ahora, ahora se va a joder, lo voy a joder. Ahora le voy a quitar todo lo que pueda, para que la estúpida esa vea lo que es bueno. No le voy a dejar ver los nenes. Vas a ver todo lo que voy a hacer para que se joda y sufra como me ha hecho sufrir a mí. Le estoy diciendo a los nenes lo malo que fue su papá, para que se enteren de cómo es la vida".

Me pregunto, ¿cuál es la necesidad de contar algo tan íntimo a tantas personas? Peor aún, ¿cuál es el beneficio de involucrar a cuatro hijos que no deberían saber tanto detalle de lo malo que fue o es su papá?, ¿de verdad fue tan malo?, ¿o sería que ella era tan exigente? Estoy segura de que la versión de él debe ser muy distinta.

Me pregunto, ¿cuál es la necesidad de contar algo tan íntimo a tantas personas?

Empecé a tomar diferentes rumbos para no encontrarme con ella. Me llamaba por teléfono a cualquier hora para hacerme el cuento desde el principio nuevamente. *Nooooo, otra vez noooo.* ¿Y yo qué hice para merecer este castigo? No entiendo cómo hay tantas personas que les gusta que todos sufran en conjunto. Tampoco entiendo cómo hay tantas personas que les gusta enterarse del chisme para poder contarlo. Me imagino que por eso las novelas son tan populares. Vivimos a través de los traumas de otros. Eso no tiene sentido. ¿Cómo puede alguien estar pendiente del trauma de otra persona y disfrutarse el cuento? A veces he escuchado a personas dando consejo, uniéndose al "sí, jódelo, te voy a conseguir a mi abogado que ese sí que le va a sacar todo lo que tiene". Por mi parte, le decía: "Chica, cógelo con calma. Todo tiene una razón de ser". A lo que ella contestaba: "Tú qué sabes, tú no has pasado por un divorcio como el mío. Tú no sabes, a ti todo te sale bien". Y yo tenía que respirar profundo. Mi divorcio no fue fácil. Nunca hice un comentario sobre la experiencia, ni a mis hijas, ni a mis amistades, ni a mis familiares. Sí sabía lo malo que es un divorcio, simplemente no le eché leña al fuego.

El tiempo ha pasado, siete años para ser exacta. Me encontré con mi amiga en la calle. ¡Qué alegría me dio verla! Cuando le pregunté cómo estaba todo, adivina qué fue lo primero que me dijo. Me puso al día con el divorcio, de cómo han pasado los años y ella sigue buscando nuevas maneras de fastidiar a su ex. Por eso el divorcio ha durado tantos años, pues ella sigue buscando trabas. Solo sonreí con asombro y no comenté ni una sola palabra. ¿Cuánto coraje puedes sentir para que luego de siete años, todavía estés buscando venganza?, ¿qué resuelve esta venganza?, ¿de verdad quedará satisfecha? Y los hijos, ¿realmente necesitan ser parte de este escándalo?, ¿verdaderamente fue todo culpa de él?

Intenté decirle: "Chica, de verdad, ¿por qué no cierras este caso y comienzas un capítulo nuevo en tu vida, uno saludable?, ¿qué te parece?". Y me dijo: "Sí, para ti es fácil decirlo, porque a ti no te hicieron pasar por lo que yo pasé. Y este exmarido mío tiene que pagar. Tú no sabes".

Repito: yo sí sé. Y también repito, la relación que tuve en mi matrimonio es inmaterial para este libro. No me interesa relatar todas las vivencias negativas, pues aunque tenía muchos cuentos negativos que pude contarle al mundo, opté por aprender, me perdoné y perdoné.

Mi marido me dijo que estoy loca

Cuando somos pequeños, contamos con unos padres o una familia que nos enseñan lo que es bueno, lo que es malo, las costumbres, los valores y principios. Si hay problemas en la familia o si hay estabilidad, aprendemos a reaccionar como nuestros adultos reaccionan. Este proceso de aprendizaje o *programación* que ocurre durante los primeros siete años de nuestras vidas, queda incrustado en nuestro subconsciente. Se activa, como toda programación, de manera automática en los momentos que vivimos situaciones parecidas a las que pasamos cuando teníamos menos de siete años. Esa programación puede ser modificada, reprogramando el subconsciente.

Desde pequeña me criaron o me programaron para estudiar un bachillerato, viajar, casarme, tener hijos y estar casada "hasta que la muerte nos separe". En esa programación, lo que vi de manera consciente fue a mis padres llevarse bien, compartir, cenar sentados a la mesa todos los días, hacer las cosas en pareja y en familia. Mi padre llegaba todos los días a las 5:00 de la tarde, casi en punto, pues trabajaba al cruzar la calle. Saludaba, se servía un traguito y se sentaba en el balcón mirando al mar. Esa era su terapia, mirar el mar; así se tranquilizaba y organizaba sus pensamientos. Para las 6:00 p.m., ya acababa su sesión y se servía la cena. Los tres nos sentábamos a la mesa a compartir. Como mami y papi estudiaron en la universidad y ambos viajaron mucho antes de casarse, conocieron otras culturas y estaban claros de lo fabuloso que es vivir en Puerto Rico. Además, estas experiencias les ayudaron a reconocer su pareja ideal en el otro. Así que sus conversaciones durante la cena eran diversas, había anécdotas graciosas, hablábamos de los eventos del día, de lo diferente que había sido la crianza de papi cuando chiquito, sin música para bailar, sin la pachanga y el alboroto. Para las 8:00 de la noche, mis padres se retiraban a su habitación y comenzaba el fin del día. Así era todos los días. Esa era la programación que esperaba en mi relación de pareja.

Por mi parte, cumplí. Me gradué de mi bachillerato, viajé cuando el trabajo me lo permitía y me casé. Me casé, pero solamente yo llegaba a la casa a las 5:00 de la tarde y los viernes, me podía acostar a dormir pues entonces sí que no había hora de llegada. Rápidamente para mí, la relación cambió, el tiempo pasó, tuve mis hijas y la relación siguió cambiando. No había considerado que la programación que a él le pusieron no fue para nada parecida a la mía.

Aunque podría entrar en el detalle de la relación, no lo voy a hacer, pues el punto no es cómo la relación cambió o por qué cambió. El punto es que según la relación cambió, pedía volver a tener lo que existió en un principio. No importa de qué manera pedí volver a aquel trato donde había amor, consideración y alegría; no importa si lo pedía en silencio o a gritos, por alguna razón, no lograba llegar al otro lado, no lograba transmitir mi mensaje. Quería sentir amor, quería sentir que importaba, ¿un abrazo? No tenía la más mínima idea de cómo sentirme amada. Me sentía tan sola. Y para mí, acostumbrada a lograr mis metas, era muy difícil aceptar que esto era la vida de matrimonio. Llegué a pensar que la vida de matrimonio era así, cada cual en su mundo, cada vez más lejos, cada vez con menos amor, menos cariño, menos conversación y más pretender. En público, éramos la pareja ideal. Por lo menos, eso me decían muchos. Si eran sinceros o no, no lo sabré y no importa.

Según pasaba el tiempo y la relación seguía en picada, cada cierto tiempo hacía un alto para reclamar. ¿Vamos a la playa? No, porque hay arena. ¿Vamos al cine? No, porque la gente hace ruido al comer. ¿Vamos a comer fuera? No, porque eso cuesta dinero. Vamos a un parque, es gratis. No, porque hace calor. ¿Qué pasa que ya no hay un abrazo?, ¿qué pasa que ya no hay amor?, ¿qué pasa que ya no hay una conversación?, ¿qué pasa que ya no hacemos nada juntos? Y entonces vino esa frase: "Tú estás loca". Esa frase que fue repetida vez tras vez.

¿Y eso es bueno?

¿Yo?, ¿loca? Una mujer inteligente, buena amiga e hija, cocinera, que estudié ingeniería, reconocida en todos mis trabajos, que desde que nací logro lo que quiero, que no le tengo ni he tenido miedo a nada, que puse mi vida en espera para criar a mis hijas, yo, ¿loca?... ¿loca porque pido amor y cariño?

Mientras más lo pensaba, más confundida estaba. ¿Cómo es posible, si yo soy una mujer muy segura, si siempre he estado en control, si siempre sobrevivo? Pero si él dice que estoy loca por pretender que puedo tener una vida parecida a la de mis padres, cuando nadie hoy en día se comporta así, debe ser cierto: estoy loca y necesito ayuda. ¿Cuándo fue que me volví loca y no me di cuenta?

Si mis padres buscaron ayuda y funcionó, también voy a buscar. Me llegó la hora de buscar ayuda. Primero fui a un psiquiatra que me dijo que yo tenía un desbalance químico en el cerebro a causa de los embarazos, algo normal, según él. Rápidamente me recetó un químico, el cual me tomé por unas dos semanas. No sentí nada de diferencia en mi frustración y ese sentimiento de ser abandonada. Como no sentía nada de mejoría, dejé de tomar la pastilla milagrosa para la depresión. Luego me enteré que no se supone que la dejara repentinamente, pues como causa dependencia puede ocasionar problemas físicos. O sea, ¿que la medicina que me trae estabilidad, me puede traer problemas nuevos al dejarla?, ¿quién está loco aquí?

O sea, ¿que la medicina que me trae estabilidad, me puede traer problemas nuevos al dejarla?, ¿quién está loco aquí?

Luego busqué ayuda con una terapista especialista en matrimonios. Mi querido exmarido me acompañó, aunque quedaba claro que la única loca era yo. La sesión fue un desastre comiquísimo pues en muy poco tiempo, durante la entrevista de pareja, la terapista le preguntó si él era homosexual. ¡Qué pregunta más absurda! ¿A quién se le ocurre que atacar a una persona es la mejor manera de hacer que una persona colabore?

¿A quién se le ocurre que atacar a una persona es la mejor manera de hacer que una persona colabore?

¡Qué clase de terapista! Demás está decir que la sesión fue un desastre. La clasificación de "loca" quedó aún más sólida al haber sido yo la que encontró a esta terapista de matrimonios. En mi mente quedó claro que yo no estaba sola en el mundo de los locos. La terapista era líder, de seguro.

Comencé a leer libros de autoayuda en inglés y español. Tenía que aprender a no ser loca. Tenía que aprender a no exigir cariño o cosas así tan innecesarias en un matrimonio de nuestra edad. Leí *How to Win Friends and Influence People* por Dale Carnegie, un libro famoso que recomiendo a todos. Aprendí a estar consciente de pedir las cosas con una sonrisa y a entender que la otra persona puede estar pasando por un mal momento.

Ahora bien, yo era una esposa que además de trabajar a tiempo completo, llevaba y buscaba las nenas a la escuela, las llevaba a cualquier clase, deporte, cita médica, cumpleaños, tienda, farmacia. Recuerdo hacer la compra, pagar las cuentas, cocinar, fregar, recoger e ir al gimnasio casi todos los días. Todos los sábados iba con las nenas al supermercado a las 6:00 de la madrugada, una en cada lado de mis caderas, pues ambas eran bebés. Con cada una al hombro, bajaba la compra, todo a la vez. No podía dejar a ninguna sin cargar. Así él podía ir a jugar golf tranquilamente, después de todo, él había tenido una semana muy cargada y necesitaba distraerse. Yo pensaba: *Pero si los dos tenemos el mismo puesto en la misma empresa, ¿cuál es la diferencia?* La diferencia es que yo estaba loca. Seguí leyendo.

Leí *Personality Plus* por Florence Littauer, que me ayudó a entender que el problema era un tema de personalidad. No es que a él se le olvidó buscar a la nena a la escuela el único día que se lo pediste porque estabas firmando un contrato con un cliente, es que su personalidad es diferente a la tuya y pues él es más olvidadizo. Aunque este libro me ayudó a entender la personalidad de mucha gente, no me ayudó a sentirme mejor. El dolor que sentía, el abandono y la falta de cariño seguían muy presentes. Apenas me quejaba, pues la frase "tú estás loca" era la que de seguro me iban a repetir ante cualquier reclamo.

Entonces leí un libro detrás de otro: *La magia de pensar en grande* por David Schwartz, *Think & Grow Rich* por Napoleon Hill, *Misión éxito* por Og Mandino, *Born to Win* por Zig Ziglar… cada vez me quedaba más claro: puedo lograr lo que yo quiera. Todo está en mí. Una vez tenga claro qué quiero, lo tengo que conseguir y podré conseguirlo, pues mis excusas son lo único que me detiene. Solo yo controlo mi destino, lo demás son excusas. Mira los ejemplos de las personas que nacen sin nada, piensan en grande y superan miedos e incapacidades para convertirse en campeones en su campo. ¿Cómo es posible que el padre de Walt Disney le dijera que no servía para dibujar?, ¿cómo es posible que una persona, de quien los doctores dijeron que no podría caminar normal, rompiera el récord corriendo en olimpiadas?, ¿sabes la diferencia? Su mamá nunca le dijo lo que los doctores habían diagnosticado. Su mamá le dijo que podría caminar y que iba a caminar.

De la misma manera que estos libros hablan de casos de personas famosas que lograron lo inimaginable, me fui dando cuenta de que tenía que retomar mi vida. Si yo había podido sobrevivir experiencias fuertes en el pasado, seguro que podía volver a ser yo, una mujer segura, alegre, con ganas de reír y vivir. Y como no me doy por vencida fácilmente, decidí buscar, otra vez, ayuda profesional. Tenía que haber alguien que me pudiera orientar, ayudarme a encaminar. Esta vez fui a una psicóloga que me enseñó técnicas tales como escribir mis pensamientos en una libreta. Comencé a escribir y desahogar mis corajes y mis penas. Aprendí a identificar las buenas cualidades que tengo y las que no son buenas. Aprendí a aceptar las buenas cualidades de otras personas, incluyendo las de mi exmarido, y las cualidades que me molestan. Aprendí a entender y negociar cuáles cualidades pueden ser modificadas y cuáles no. Luego de meses de terapia, entendí y acepté que no iba a someterme para convertirme en algo menor de lo que yo era. Tampoco era justo pretender que mi esposo cambiara para cumplir con mis valores y exigencias.

Me di cuenta de que había pasado buenos momentos en ese matrimonio, pero ya era hora de continuar. Nuestra misión había sido cumplida. Habíamos traído al mundo dos bellas mujeres y les estaba enseñando valores como la honestidad, el respeto, la disciplina, el compartir, la compasión, entre otros. Me di cuenta de que mi querido esposo era quien mejor podía ser. Era un hombre responsable y trabajador que adoraba a sus hijas. Él vino con una programación y apenas imitaba lo aprendido como "normal".

Como todos tenemos derecho a ser felices, me di cuenta de que esta relación, aunque había acabado hacía años, había que disolverla oficialmente. Era la única manera de ser felices, ambos. Creo que la manera más poderosa de enseñar es a través del ejemplo. ¿Cómo podía transmitirle a mis hijas que una relación normal de pareja requiere de buena comunicación, de expresiones de amor, de abrazos, de compartir, de risas, y que lo que ellas llevaban viendo no era normal? Y de nuevo, puedo pensar en muchos ejemplos de maltrato, pero el punto de este relato no es desahogarme o hablar mal de nadie. El punto es dejarte saber que si vives en una relación que no te parece normal, busca dentro de ti. No te engañes. No des un mal ejemplo.

Yo busqué por muchos años, dentro y fuera de mí. La programación decía "hasta que la muerte los separe". Los dolores de pecho que sentía y que el doctor diagnosticó como ataques de pánico, me dejaban saber claramente que la muerte estaba a la vuelta de la esquina. Pero si no he cumplido ni 40 años, ¿cómo es que ya estoy buscando la muerte? Y es que el cuerpo

Y es que el cuerpo es más sabio que tú y si tú no haces nada al respecto, tu cuerpo lo hará por ti.

es más sabio que tú y si tú no haces nada al respecto, tu cuerpo lo hará por ti. Por eso nos enfermamos, es una manera de tu cuerpo decir: "Es hora de descansar, hay que hacer un alto".

Ahora puedo decir que me siento tan orgullosa de mí, nadie nunca pudo cucarme para que contara las intimidades de mi mala relación. Estoy segura de que ambos cometimos muchos errores. ¿Quién fue el más malo de los dos? No importa. Cada cual hizo lo mejor que pudo, lo mejor que su programación le permitió. A mis hijas les recordé, una y otra vez: "No permitan que papi hable mal de mí y no permitan que yo hable mal de papi. Lo que pasó fue entre nosotros dos y no tiene nada que ver con ustedes. Él es y seguirá siendo su papá y yo, su mamá. El amor que sentimos por ustedes dos no tiene nada que ver y no se afecta de ninguna manera por el divorcio".

En este momento, la mayoría de las experiencias que pasé antes, durante y después del divorcio, las he olvidado. Como dije, me perdoné y lo perdoné. Lo que pasó, pasó. Aprendí y estoy clara de lo que busco en una pareja. Él también descubrió qué es lo que busca en una pareja y consiguió justo a alguien que lo complementa. Me alegro y doy gracias. Mis hijas no viven momentos traumáticos como consecuencia del divorcio. Todos compartimos en armonía, juntos en cada graduación, cumpleaños o evento importante de nuestras hijas. ¡Qué bien!

Te exhorto a que si tienes hijos y estás en una mala relación o matrimonio, por favor, no le hagas daño permanente a tus hijos hablándole mal de tu pareja. Resuélvelo en privado. Mientras más energía le dedicas a algo,

Mientras más energía le dedicas a algo, más fuerza le das.

más fuerza le das. Si te enfocas en que ya esta relación está acabando y pronto dará espacio para una relación mejor, tú estarás mejor. Mientras menos lo cuentes, menos chismosos se pegarán a ti a chuparte tu energía. No permitas los ataques energéticos.

Si estás infeliz en una relación, haz mucha introspección. ¿Qué fue lo que cambió?, ¿se puede mejorar?, ¿quieres mejorar la relación?, ¿puedes hablar con tu pareja para trabajar la situación juntos?, ¿hay amor?, ¿el amor todo lo puede? Todo cuento tiene 3 versiones, la tuya, la de tu pareja y la verdadera. Así que date espacio. Si, al final, decides que no hay manera de remediar el problema, busca acabar lo antes posible. Será menos doloroso para todos. Recuerda: algo mejor puede venir y vendrá para ti, únicamente cuando estés lista(o). Y no puedes estar lista(o) hasta que completes tu lección. Deja el odio atrás, reemplázalo por comprensión, compasión y por amor.

¿Cuál es la diferencia?

Hoy doy gracias por haber escuchado la frase "tú estás loca". Si no llega a ser por esa frase, nunca hubiera buscado ayuda, nunca hubiera leído todos los libros que me ayudaron a crecer, a perdonar, a perdonarme, a ser agradecida, a hacer un plan de éxito, a volver a sentir amor. Por eso digo, *todo lo malo es bueno*.

Por último, esto de quedarte en una mala relación "por los niños" tiene que ser la peor excusa que he escuchado en tiempos. He visto tantos adultos defectuosos por haber vivido en el entorno de la relación disfuncional de sus padres. ¿Cómo podemos exigirle a nuestra pareja que sea la pareja perfecta si lo que aprendió de sus padres, como comportamiento normal, fue maltrato, abandono, borracheras constantes, desprecio, infidelidad, griterías...?

De mis padres aprendí a aceptar lo que siento y a expresarlo sin miedo. Aprendí a luchar por lo que quiero, a tratar a todos como quieres que te traten a ti. Aprendí lo que es amor y a compartir, a ser honesto, a reír, a disfrutar la vida, a ser espiritual, a querer el mar, a aceptar un reto y mucho más.

Reflexión de Evolución en las Relaciones

Te invito a evaluar.

¿Qué aprendiste de tus padres sobre las relaciones de pareja?

_____

_____

_____

¿Qué te gusta de tu pareja?

_____

_____

_____

¿Qué no te gusta de tu pareja?

_____

_____

_____

De esta lista de cualidades negativas, ¿qué es negociable y qué no lo es?

_____

_____

_____

¿Cuáles de tus cualidades puedes mejorar?

_____

_____

_____

Esta última pregunta, *¿Cuáles de tus cualidades puedes mejorar?*, es difícil e importante. Estoy segura de que alguien te ha señalado algunas durante una discusión. Si lo consideras apropiado, pregúntale a las personas más allegadas a ti, cuyas opiniones sean importantes para ti, qué características tuyas ellos entienden que puedes mejorar. Para hacer esta tarea, debes estar bien preparada(o). Recomiendo recordarle a la persona que quieres su retroalimentación y no pelear, por lo tanto, solicítale que piense bien las palabras que va a usar.

Evolución en el amor

Cuando hablamos del amor, inmediatamente pensamos en el amor que sientes cuando tienes una pareja. O tal vez, piensas en el amor que sientes por tus padres, por tus hijos y amistades. Rara vez escucho a alguien atreverse a decir que siente amor propio, por miedo a que se confunda con narcisismo o egoísmo. Desde que somos pequeños, puede que tus padres, tus maestros y/o tus familiares te critiquen, te castiguen y te recuerden que no sabes hacer las cosas. Naciste con tanto entusiasmo, pensando que lo podías todo, celebrando cada paso que aprendiste... y de momento, alguien mayor que tú te dijo que tú no puedes, que no sabes. Si no tienes el apoyo de un padre, maestro o familiar que te diga que tú sí puedes, el amor propio va bajando hasta desaparecer.

Rara vez escucho a alguien atreverse a decir que siente amor propio, por miedo a que se confunda con narcisismo o egoísmo.

En esta sección, compartiré dos enfoques de la evolución en el amor. La primera es la que sucedió a través de la relación con mis hijas, mientras que la segunda, es la evolución de amor propio.

Me quitaron a mis hijos

Conozco a varias personas que, en el proceso del divorcio, le han quitado los hijos o el derecho de verlos libremente. En el caso de un matrimonio de amigos míos, fue ella quien se encargó de romper esa relación entre los hijos y el padre. Desde mucho antes del divorcio, desde que eran una familia "feliz", ella era una experta diciéndoles a esos niños que su padre era un cabrón, sin importar que fueran niños, sin importar que estuviera hablando del padre de ellos, sin importar que yo estuviera presente escuchando. Era una rabia tan grande, un coraje tan chocante que me repugnaba. Se veía cuando por cualquier cosa insignificante que hicieran cualquiera de los dos hijos, ella disparaba un "me cago en tu vida, que hijo de la gran puta eres, es que me dan ganas de matarte". ¡Así, como una metralleta!

Según fueron pasando los años, esos niños crecieron para odiar a su padre y a todo integrante de ese lado de la familia. Cualquier persona que representara a su padre, como los abuelos y tíos paternos, fácilmente caía en el grupo de los detestados. Siempre me preguntaba y me sorprendía cómo el corazón de esos dos niños se fue pudriendo o, mejor dicho, cómo esa madre los nutrió con tantos tóxicos.

Mientras, el padre jugaba el juego bajo las reglas que la madre había establecido. Es decir, se alejó de los niños, pues como la madre era tan peleona, era más fácil alejarse que hacerle frente. Él se sentía perdido y al sentirse tan impotente, compartía con sus amistades para mantener la mente ocupada en otras cosas.

Según la exesposa, él solo sabía irse a divertir con sus amistades, en vez de hacerse cargo de sus hijos. Este comportamiento, el de estar usualmente con amistades, ayudaba a probar el punto de la madre: los hombres abandonan el hogar y a sus hijos. ¿Qué iba a hacer este padre, si los varones preferían estar con su madre? En mi opinión, no era que los varones preferían estar con su madre, estos dos hijos eran víctimas de quien les hiciera caso.

Desde afuera, observaba cómo abuelos, tíos, amistades, además del padre, llevaban y traían información, es decir, chismes directo del lado de la madre, sobre lo último del maltrato. ¿Cuál maltrato? El que el padre de los niños hacía, según la madre. Como todos opinaban, los dos hijos cada vez estaban más confundidos. El peor maltrato que veía era el de la madre, quien llevaba años que no paraba de hablar mal del padre.

Toda esta situación me entristecía, pensaba en la vida del padre, de los niños y de la madre. Todos estaban hundiéndose en esta situación. La madre ciega por la venganza, loca por hacer que el padre pagara. Yo le decía que pensara en los niños, que hacerlo pagar a él por ser un mal marido no era justo para los niños. Ella me decía que mi marido era perfecto y, por lo tanto, yo no tenía razón para opinar. Pero ustedes saben, nadie es perfecto y, como ya les conté, mi matrimonio no era lo que la gente pensaba. Hablaba con el otro lado, el padre, le decía que se mantuviera fuerte, que compartiera con sus hijos, para que ellos pudieran darse cuenta de que él sí era bueno. Pero me decía: "Tú no sabes, tú eres mujer y tus hijas están contigo porque tú eres la madre. Mi caso es diferente".

Y pensé, *¡claro que este caso es diferente!* Es diferente porque no jugué el juego bajo las reglas de mi marido y me mantuve muy firme en mis valores. Así que yo sabía de lo que estaba hablando. Sentí la falta de apoyo y el ataque por parte de mis hijas, a pesar de ser acusada de tener la vida perfecta.

Mis hijas me dicen "la bruja"

Una vez entendí que no estaba loca, que entendí que mi salud estaba en peligro y que tenía que ser el ejemplo para mis hijas, tomé el paso de explicarles a ellas que si algún día pensaban tener una pareja, debían buscar una relación en la que pudieran crecer como personas y como pareja, con el deseo de aportar a su propia felicidad y a la del otro. Quiero hacer un paréntesis para recalcar que tener una pareja no es obligatorio. A veces aceptamos estar en una relación o buscamos casarnos porque es lo que se supone que hagamos. ¿Cuál es el punto de forzar algo que tarde o temprano acabará mal porque nunca empezó bien? Para mí era importante que ellas entendieran que no debían imitar lo que estaban viendo, que la dinámica que se daba en casa no era lo normal.

Al principio, cuando me separé, había mucho resentimiento en mi contra de parte de mis hijas, pues entendían que yo era la responsable y culpable de la ruptura familiar. Por alguna razón, que nunca pude explicar, el padre se alejó por año y medio, sin llamar o buscarlas, a pesar de que se podía ir caminando a su apartamento. Cada cual toma decisiones; yo me mantuve firme en buscar mi paz, armonía, salud y tranquilidad.

En esa época, de manera muy curiosa, descubrí la meditación. Leía muy poco los periódicos y, de hacerlo, leía la versión electrónica. Sin embargo, un domingo me desperté y algo me dijo que lo comprara. Fui y lo conseguí en el supermercado. Me senté y tranquilamente comencé a leerlo. Encontré una columna diminuta, de dos párrafos pequeños acerca de un taller para aprender a meditar. Rápido llamé a la señora a cargo del taller. Ella me entrevistó al igual que yo a ella. Quería estar segura de que yo era digna de tomar su taller y yo quería estar segura de que no iba a perder mi tiempo con una loca que medita. El taller era cerca del día de San Valentín, ¡qué ironía!, yo no estaba ni cerca de pensar en tener un enamorado. Primero tenía que volver a enamorarme de mí. Y aunque me sentía

Yo no estaba ni cerca de pensar en tener un enamorado. Primero tenía que volver a enamorarme de mí.

segura de mi decisión de separarme, me sentía como un fracaso. Algo estaba mal conmigo. Algo tenía que estar mal conmigo, ¿verdad? Me sentía feliz de estar sola, pero pensaba que era mi fracaso porque la relación no duró toda la vida.

Esa conversación por teléfono resultó ser clave para mi crecimiento espiritual y para asegurarme que sabría escoger el camino hacia la felicidad. Fui al taller de María Peraza, una mujer extraordinaria, quien se convertiría, al igual que su marido, en unos grandes amigos. Ella trajo a una mujer fabulosa quien nos enseñó cómo estirar y preparar nuestros cuerpos para meditar. Pasamos todo un fin de semana en Patillas, Puerto Rico, en una villa frente al mar, meditando, usando diferentes técnicas y compartiendo con un grupo pequeño de diez personas. Jorge, su marido, nos preparó con mucho amor, cariño y una gran sonrisa, unas comidas deliciosas y saludables. Vi el amor que María y Jorge sentían y vivían. Me dio tanta alegría y esperanza ver a esta pareja viviendo una de mis metas.

Para ese tiempo, semanas antes del taller, me había encontrado con una amiga que se estaba separando de su marido. Me invitó a su casa para hablar. Allí me mostró su gran colección de cuarzos y cristales, tan bonitos y especiales para ella. Me hablaba de los cristales y de lo poderosos que pueden ser para mejorar múltiples condiciones, ya sean físicas, emocionales o espirituales. Así que le hablé del taller y ambas fuimos a experimentar con la meditación. Ella trajo algunos de sus cristales. Ese fin de semana aprendí lo que era un péndulo y cómo se usaba para medir la energía de los chakras.

Aprendí que un chakra -que significa rueda en sánscrito- es un centro de energía. El cuerpo tiene muchos chakras, 7 principales y como 440 secundarios. Cada órgano o glándula del cuerpo está asociado a un chakra. Como los chakras están vibrando, se mueven fuera de balance o de su centro y con la misma vibración tienen la capacidad de realinearse. A veces se tardan en hacerlo y podemos ayudarlos a través de la meditación y sanación pránica, entre otras prácticas,

para volver a sentirnos en balance. Esto significa que cada condición emocional, mental, espiritual o física puede ser tratada alineando los chakras.

Al ver lo bien que me sentí ese fin de semana, frente al mar, meditando y compartiendo con personas que estaban en paz, decidí continuar aprendiendo. Continué yendo a meditar a esta villa tan fabulosa. Recuerdo que en una de las ocasiones, vinieron dos monjes tibetanos y hasta Danny Rivera, reconocido cantante puertorriqueño. ¡Qué experiencia tan maravillosa escuchar a estos dos monjes hablar pausadamente y con tanta sabiduría, mientras Danny tocaba una flauta! Me sorprendió la habilidad para decir justo lo que te hace falta escuchar y aprender.

Estaba trabajando conmigo misma, para solidificar mis cimientos y remover todo aspecto negativo.

Empecé a comprar cuarzos, como el cuarzo rosado, que sirve para atraer la buena comunicación y el amor, no tan solo de pareja, sino amor, amor puro. Al estar recién separada, lo menos que estaba buscando era una pareja nueva. Estaba trabajando conmigo misma, para solidificar mis cimientos y remover todo aspecto negativo.

Cuando mis hijas vieron que tenía un péndulo y que estaba comprando cristales, esferas y pirámides hechas de diferentes cristales, se empezaron a preocupar; y por estas nuevas prácticas, me gané el nuevo apodo de "la bruja". Demás está decir que este apodo no fue creación de ellas. Esto me entristecía, pues le había dicho y repetido a las dos que no permitieran que yo hablara mal de papi y que no permitieran que papi hablara mal de mí. Yo cumplía con este acuerdo, pero parece que no era igual desde la otra dirección.

Entonces, empezó una guerra fría, pues ellas dos querían o necesitaban que alguien pagara por la miseria que vivían. Me imagino que como yo fui quien inició el proceso de separación, claramente, la culpable era yo. Y como mientras estuvimos casados, procurábamos discutir en privado, ninguna de las dos, y ninguno de nuestros amigos, sospechaban que yo vivía una vida ficticia.

De momento, me vi en una situación parecida a la que mis amigos habían pasado, en la cual mis hijas se les hacía fácil culparme por algunas cosas y el llevarme la contraria era una reacción automática. A diferencia de mis amigos, decidí ser firme y no involucrar a mis hijas en este proceso de separación y divorcio, que no tenía nada que ver con ellas.

Fueron muchas las ocasiones en que fui acusada y muchas las ocasiones en que quería hablar y gritar a los cuatro vientos la verdad, mi verdad. Seguí firme en mi decisión, no iba a hablar mal del padre de mis hijas y así lo hice. Sufría por la indiferencia recibida en ocasiones, pero me sentía segura de que no iba a ceder ante el chantaje emocional.

¿Y eso es bueno?

El tiempo pasó y mi querido exmarido comenzó a llamar y a buscar a las nenas. La relación entre ellos volvió a establecerse al punto que, en una ocasión, una de mis hijas decidió irse a vivir con su papá. Para mí fue muy fuerte, pues era como decirle al mundo que por fin salía la prueba mayor: la mala de la película era yo. De lo contrario, ¿por qué una hija decide irse, si no es porque su madre es muy mala?

Ahora tenía que conformarme con ser una sombra en sus actividades sociales, pues para cada celebración importante, ella se iba con su papá y la novia. Las fotos se las tomaba con él. Y si no quedaba otro remedio, entonces, yo podía salir en una foto. Mi mensaje era claro, yo soy tu mamá y estoy para apoyarte en lo que tú necesites. El día que me necesites, estaré ahí.

Mientras tanto, no hay problema, te quedas viviendo donde estás.

Entiendo que tenía muchas libertades en su nuevo hogar y, al mismo tiempo, pasó por varios sucesos que la hicieron sufrir, por consiguiente, yo sufría también. Quería ir a batallar en su nombre, quería justicia para ella, pero entendí que eran parte de su aprendizaje, ella fue quien decidió irse. Como madre, tenía que enseñarle que uno debe tomar decisiones basadas en la razón y el sentimiento, pero no en el coraje. Su decisión de mudarse fue por llevarme la contraria en una ocasión cuando le pedí que recogiera el cuarto. Ahora ella tenía otras situaciones, nuevas. Había estado quejándose de mí, ahora se podía quejar de muchas cosas más. Lo bueno para mí era que ya no era la culpable. La bruja no era responsable.

Como madre, tenía que enseñarle que uno debe tomar decisiones basadas en la razón y el sentimiento, pero no en el coraje.

Quería mudarme de la casa donde habíamos vivido por dieciocho años. Aunque me traía recuerdos buenos y recuerdos malos, me parecía que ya era hora de un cambio. Pero mi hija menor no quería mudarse. Un viernes se quedó en la casa porque estaba enferma, yo también estaba en la casa trabajando y tuve que salir cinco minutos, al mediodía, a abrir la oficina para que instalaran un sistema de seguridad. En esos cinco minutos, pasó una de las peores experiencias de mi vida. Mientras estaba en la oficina, mi hija menor me llama y le contesté, un poco molesta, que estaba ocupada, que ya mismo iba. "¿Qué pasó?", pregunté. "¡Que me asaltaron!", me respondió. "¡¿Qué?!", "¿qué pasó?", repetí. Entonces, me dijo que un tipo enmascarado entró por la ventana del segundo piso y le puso un cuchillo en la garganta y se llevó todas las prendas.

Regresé volando; y comenzó otra etapa. Ahora vivíamos con el miedo de que alguien volviera a meterse en nuestro hogar. Yo había puesto ventanas de seguridad en toda la casa menos en una ventana pequeña, justo por donde entró el bandido ese. Mi hija tenía pesadillas y yo tenía que estar con ella todo el tiempo para evitar que estuviera sola.

Busqué ayuda y traje a una psicóloga para que viera a mi hija. Aunque se sobrepuso rápidamente al trauma, lo importante aquí fue que nos concentramos en sanar. Hubo un problema, buscamos ayuda y orientación y trabajamos en mejorar. No nos enfocamos en el "pobre de mí que me asaltaron".

Ahora, lamentablemente y por las razones equivocadas, tenía el apoyo de ambas para mudarnos. Comenzamos a buscar apartamento pero no importaba dónde fuera, no les satisfacía, le encontraban algo malo. Después de varios intentos, tomé la decisión yo sola. Mi hija mayor se fue a estudiar a la universidad en los EEUU. La menor seguía en Puerto Rico. Nos mudamos a un apartamento con vista al mar, que es mi terapia, justo como la de mi papá. Me siento en las mañanas a observar el mar y el cielo. Me inspira, me trae paz y alegría ver todo lo que el planeta me ofrece.

Nuestro nuevo apartamento era un éxito, estaba frente a la escuela, no había que coger tapón en las mañanas, ella podía ir caminando. Como era tan céntrico, cualquier persona la podía recoger cuando se iban de fiesta. Yo voy caminando a la playa, medito frente al mar, me baño en estas aguas preciosas, escucho una charla motivacional mientras camino a la playa y cuando regreso estoy con las baterías super cargadas. ¡Qué divino!

¿Cuál es la diferencia?

Varios años y muchos sucesos pasaron, buenos y malos. Nunca tuve que hablar mal de mi ex. Pude, no lo hice. Él pudo continuar su vida y encontrar una nueva pareja con quien es feliz. Me alegro pues se ve que vive en armonía y dedica tiempo para compartir con nuestras hijas. ¿Sabes qué? Pensándolo bien, al final, eso era algo que pedía, que compartiera con sus hijas. Pasó lo que tenía que pasar.

El tiempo ayudó a que mis hijas se dieran cuenta de quién soy: se dieron cuenta de que no fui, ni soy una bruja. Yo no quería venganza, como muchas divorciadas y divorciados. No me interesaba ni me hacía falta que el mundo se enterara de qué tan malo fue mi matrimonio. Solo quería ser feliz, que me dejaran ser feliz a mi manera. Mi ejemplo habló más fuerte que nada. Nos tomó unos años, pero llegamos.

Hoy, que ya han pasado más de diez años de aquel día en que mi cuerpo tuvo que decir "no puedo más", puedo afirmar con orgullo que no hubo ni una sola pelea entre mi ex y yo. Hubo muchas invitaciones a pelear, pero, como para pelear hacen falta dos, no me permití caer en la trampa. Nunca peleamos, créanlo o no. Nos llevamos muy bien y él está felizmente casado, como se lo merece. Mis hijas tienen una relación amorosa con él y él con ellas. Tienen una relación saludable conmigo y con su papá, al punto que todos hemos estado juntos recordando los buenos tiempos, pues sí, porque hubo buenos tiempos.

¿Y la bruja? Tuvo brujitas. Hoy por hoy, mis hijas tienen cuarzos y cristales. Somos amigas y nos gusta compartir. Aunque ya viven por su cuenta, hablamos frecuentemente. Ambas me llaman para preguntarme qué piedra deben llevarse al examen o a la reunión con el jefe. Ambas me han escrito unas cartas preciosas para darme las gracias por todo lo que he hecho por ellas.

El éxito no es la llave de la felicidad, la felicidad es la llave del éxito.

Te quiero mami.

Y las dos mejores sorpresas que recibí fueron, la primera, cuando mi hija menor me pidió que fuera su pareja para desfilar en su baile de graduación y, la segunda, cuando mi hija mayor, la que en un punto se fue de la casa, me regaló un collar con una turmalina negra, un cuarzo limón y una llavecita, con una tarjeta que leía: *El éxito no es la llave de la felicidad, la felicidad es la llave del éxito. Te quiero mami.*

Amor propio

Cuando tenía trece años, una de mis amigas solía decir que ella había nacido para sufrir. Y sufría, definitivamente sufría. Sus padres eran divorciados. Su mamá trabajaba horas largas; su padre se había vuelto a casar y no la veía mucho, y su único hermano, que era 5 años mayor, le pegaba fácilmente por cualquier cosa. Su mamá viajaba a menudo y por lo tanto no la veíamos mucho. Durante esos meses de desaparición por parte de la mamá, mi amiga no tenía dónde vivir pues, como comenté, su papá se había casado, vivía fuera de Puerto Rico y no había espacio para ella. Por alguna razón, su madrastra tenía alguna excusa válida para justificar que no había una escuela cerca para transferirla. No quedaba más remedio y los pobres tíos tenían que cargar con la sobrina. Hoy me pregunto dónde dormía el hermano, pues nunca lo vi en la casa de los tíos. ¿Por qué este trato especial o no especial para mi amiga? Nunca lo sabré. El punto es que ella no se sentía amada y volvía a decirme: *es que yo nací para sufrir.* A esa edad, estaba convencida de que así mismo era, a ella le tocaba sufrir. Le decía que tenía que haber algo que pudiera hacer para mejorar su vida. A lo que ella contestaba: "Tú no sabes, tú lo tienes todo".

Yo pensaba, pues sí tener novio equivale a no poder hacer nada sin el permiso de él, yo jamás quiero tener un novio.

Un año más tarde, mi amiga ya tenía novio; ¡por fin!, alguien que la quería, alguien que estaba todo el tiempo ocupándose de ella. Pasaron los meses y no nos volvimos a ver, pues su novio no le daba permiso para vernos o compartir con nosotras, sus amigas. ¿Cómo es que la quiere tanto que no la deja hacer nada? Ella no podía salir de la casa a menos que fuera con él. Me decía que eso era puro amor. Yo pensaba, *pues si tener novio equivale a no poder hacer nada sin el permiso de él, yo jamás quiero tener un novio.*

Yo seguía yendo al cine, al Viejo San Juan y a la playa con mis amigas. En el grupo había una menos, pues a mi amiga ya no la dejaban venir. Lo raro era que él siempre estaba en la playa o por ahí. A él sí que nos lo encontrábamos por donde quiera. No entendía mucho del amor, pero sí entendía que esta relación de mi amiga y su novio no podía ser normal, ni saludable. No era chismosa, así que nunca le fui con el cuento de que su querido y adorado novio estaba en todos lados sin ella. Esta era su elección y ella estaba clara de que él era bueno para ella y era bueno con ella.

Otro año pasó y me enteré que mi amiga estaba encinta. ¡Ay Dios mío! ¡Dieciséis años y encinta! Ahora sí que se complicó el panorama. Fui a verla, pues en mi corazón ella era tan amiga mía, como hacía años, a pesar de que ya no nos veíamos. Ella me recordó que ella nació para sufrir. Le dije; "Pero, ¿eso es lo que tú quieres?, ¿sufrir? Dime, ¿por qué no quieres hacer algo para ser feliz? Su respuesta fue: "Tú no sabes, tú no has tenido novio. Tú no sabes nada del amor. El amor es así. Tienes un novio que te cuida y haces lo que te diga. Me voy a casar y punto".

Y así fue. Varios meses más tarde, no muchos más por la prisa de que la barriga no se viera tanto, se casaron.

Si antes su novio no la dejaba salir, ahora con un bebé era otra historia, era peor. Ahora parecía que estaba en la cárcel. Qué disgusto me daba. Había perdido una de mis mejores amigas. Y peor que eso, ella se había perdido, se había perdido en su miseria. Ella sabía que había nacido para sufrir y así mismo era.

Me amo y me acepto como soy

Diez años después de que mi amiga comenzó su noviazgo, me había graduado de la universidad, tenía un bachillerato en Ingeniería Industrial de una muy buena universidad y me había ido a vivir a California. Trabajaba en una compañía bien reconocida dentro de la industria de la defensa, haciendo un bombardero para la Fuerza Aérea de los EEUU. Ganaba muy buen dinero, no tenía responsabilidades significativas, era soltera, no tenía novio, tenía todo el tiempo del mundo para divertirme y así lo hacía. Fue en esta época de mi vida que aprendí a apreciar a mis padres y a mi vida.

Durante la universidad, mis amigos venían más o menos de un mismo ambiente. Es decir, venían de hogares donde había una mamá, un papá y posiblemente hermanos. Si tenían sus padres divorciados, no había problemas mayores. Todos se habían graduado de escuela superior (por eso estaban en la universidad). Algunos tenían más dinero que otros, pero en general, éramos unos pela'os, típicos estudiantes sin dinero. En California, por el contrario, mis nuevos amigos, compañeros de trabajo, venían de todo tipo de ambiente. No todos habían estudiado en la universidad, no todos venían de hogares "estables". En esta época, tenía una amiga que tranquilamente decía cómo su papá le pegaba porque a menudo estaba borracho. Tenía otro amigo que no sabía nada de su padre, pues los había abandonado desde que era un niño pequeño. Conocí amistades que llegaron como refugiados desde Asia. Pensaba que estas historias ocurrían solamente en las películas. Comencé a darme cuenta del privilegio que había tenido al criarme en un hogar estable, a pesar de que mi hermana había muerto. Todo lo que mis padres pudieron controlar, así lo hicieron, a mi favor.

Hacía ejercicios casi todos los días, ya fuera yendo al gimnasio a hacer aeróbicos y pesas, jugando *softball* en un equipo de la oficina, voleibol en la playa, yendo *white water rafting*, a bucear, esquiar en nieve, *hiking* y acampar. Me mantenía activa, pues hacer ejercicios siempre fue parte de mi vida. Comía muy saludable. De hecho, no recuerdo haber ido a un restaurante de servicio rápido o de "comida rápida" (como comúnmente se les conoce) mientras viví en California. Todo lo que comía era fresco, nada procesado. Así que estaba en muy buen estado físico.

No tenía novio, pues no quería nada que me atara. Había tenido varios novios en la escuela superior y la universidad, pero nada serio. Con todos había acabado bien, y con algunos hablaba de vez en cuando por teléfono. No podía haber nada serio porque todos estaban muy lejos de mí. De los amigos que tenía en California, ninguno llegó a ser clasificado novio formal pues me la pasaba haciendo algo diferente todos los fines de semana. En mi trabajo era muy responsable, pero a la hora de coger mi tiempo, lo hacía en serio. No había fiesta, campin o invento que me perdiera. No lo había.

Entonces de alguna manera me enteré de un nuevo lugar para vacacionar, Club Med. Tenían clubes para visitar por todas partes del mundo. Por la descripción, era como un campamento para adultos. Ibas una semana, estabas en traje de baño casi todo el tiempo. La habitación se quedaba sin seguro y tenías, en el caso mío, una compañera de habitación. La cartera se guardaba en un lugar protegido dentro de la oficina de la administración y así podías andar sin preocupaciones por todo el club. Al final de la semana, te devolvían la cartera. Así de divertido. Te daban un collar de cuentas plásticas, y según consumías bebidas, las pagabas con las bolitas del collar. En algunos casos más rápidos que en otros, el collar se convertía en pulsera.

Con esta descripción, decidí ir al Club Med en Ixtapa, México. Esto quedaba en la costa del Pacífico. Prometía ser un éxito. Era la primera vez en mi vida que me iba de vacaciones sola. Pensé que, como era estar dentro del club, en realidad todo iba a estar bien.

Tan pronto aterricé en la Ciudad de México, por alguna razón que nunca entenderé, me topé con un chico que trabajaba en el aeropuerto. Le pedí que me indicara cómo llegar a los taxis, pues pensaba quedarme unas dos noches en la Ciudad de México, o como le dicen en México, en el D.F. (Distrito Federal). Cuando me escuchó hablar me preguntó si yo era puertorriqueña y rápido se identificó como puertorriqueño.

Qué alegría me dio encontrarme con uno de los míos. Me ofreció llevarme al hotel y como mi costumbre ha sido confiar en las personas, sin pensarlo dos veces, accedí. Nos fuimos en su carro. ¡Qué bien que lo íbamos pasando, hablando de Puerto Rico y nuestras costumbres! Me dio una vuelta por la ciudad y luego me preguntó si podíamos pasar un momento por su apartamento. "Claro", le dije, "yo no tengo más nada que hacer. Puedo llegar más tarde a mi hotel".

Fuimos a su apartamento, el cual no era nada del otro mundo. Estaba limpio, pero me quedaba claro que no era una persona con dinero. No había más nadie en el apartamento. Me ofreció algo de tomar. La verdad que no recuerdo bien el detalle, pues esto ocurrió hace más de treinta años. No recuerdo bien si me ofreció una cerveza y mucho menos la marca. Sí recuerdo que en muy poco tiempo comenzó a besarme. Aunque el chico era simpático y no era feo, en mis planes no estaba el estar con nadie de esta manera. No me interesaba ir de 0 a 100 en 2 segundos. Cuando le dije que lo cogiera con calma, él me dijo que yo le gustaba. Siguió besándome y no importaba que lo estuviera empujando y diciéndole que me dejara tranquila, él seguía cada vez con más ímpetu. Mi corazón latía con fuerza, cada vez más fuerte y no era de pasión, era de miedo.

Mi corazón latía con fuerza, cada vez más fuerte y no era de pasión, era de miedo.

Estaba en un apartamento en no sé dónde, con alguien que no sabía quién era. No existían los celulares y no tenía manera de llamar o salir corriendo. Aún si escapaba, si salía corriendo, ¿a dónde iba a ir?, ¿con quién o quiénes me iba a topar? No sabía qué tan lejos quedaba mi hotel. Me sentía completamente perdida. ¿Por qué me estaba pasando esto a mí?

"O te dejas o te amarro, de aquí no vas a salir hasta que yo diga. No tienes para dónde ir, tú lo sabes. No tienes ni idea de dónde estás. Y no sabes quienes están allá afuera. Si tú crees que estás mal aquí, dentro de este apartamento, intenta salir para que veas con quiénes te encontrarás. Este barrio no es igual al barrio donde queda tu hotel. Prepárate, que como quiera, esto va a pasar". Comencé a llorar y no hubo manera de que se apiadara de mí. Le pedí, le rogué, nada. Poco a poco me quitó la ropa. Le decía que no, peleaba con mis brazos. Y otra vez me decía: "No pelees. Mientras más pelees peor te irá". Seguía quitándome la ropa y besaba todo mi cuerpo, todo, lentamente, como para que nunca acabara. Yo seguía llorando y él disfrutando, cada vez más y más. Mientras más le pedía que parara, mientras más peleaba, más me decía: "Ahora nos vamos a tardar más".

Me sonrío cuando pienso la cantidad de personas que aún me dicen: "Es que a ti todo te sale bien".

Todavía puedo ver la película, paso a paso, segundo por segundo de esta experiencia. Más de treinta años y todavía veo y siento el horror. Me sonrío cuando pienso la cantidad de personas que aún me dicen: "Es que a ti todo te sale bien".

Así como me amenazó de amarrarme, me soltó. Su locura había sido satisfecha. Y yo, sufría inconsolable, sola, en un país extraño para mí, sin nadie a quien recurrir, sin nada que pudiera hacer para buscar justicia. ¿Y qué justicia iba a buscar? El daño estaba hecho. Solo sabía su primer nombre. ¿Qué iba a decir? Si yo accedí a que me llevara al hotel. ¿Quién me iba a creer que yo no quería que me violara? Pero lo hizo y se salió con la suya.

Media hora más tarde me llevó a mi hotel, uno de los mejores hoteles de la ciudad. Entré llorando y los maleteros querían saber cómo ayudarme. "No se preocupe, es que no me siento bien, solo quiero ir a mi habitación", les dije. Hice mi *check-in* y me encerré en mi lujosa habitación a llorar por dos días, sin parar. No salí a ningún lado. Solo me quedaba en el hotel, comía en mi habitación, no sabía qué hacer, a quién llamar, qué decir, no sabía. Me sentía tan sola, tan miserable, tan engañada, tan idiota. ¿Cómo pude confiar?, ¿por qué confié?, ¿por qué?, ¿cómo podía echar el tiempo para atrás?

No tenía contestación a nada. Por más que lloraba, no lograba sentirme mejor. Ya tenía que irme al maravilloso Club Med. Algún día tenía que salir del hotel. Así que recogí lo poco que había sacado de mi maleta y tomé la decisión. La vida tiene que continuar. Eres una idiota, eso lo tienes claro, me dije. Pero ahora tienes que echar hacia adelante. Estás sola, no tienes otra opción.

¿Y eso es bueno?

De ahí en adelante, estuve como una zombi por días. Todo lo hacía en automático, sin sentimientos. No recuerdo cómo llegué al Club Med. Me llevaron a mi habitación y allí estaba esperándome mi compañera de cuarto, una joven de Tijuana, México. Nos sentamos a hablar. Ella era muy tímida, lo cual me vino de maravilla, pues no podía tolerar estar con alguien muy extrovertido, que me fuera a tocar, aunque fuera de relajo. Nos informaron que pasáramos al vestíbulo para una orientación.

Allí conocimos al personal del Club Med, todos jóvenes, todos muy simpáticos, listos para hacer que tu estadía fuera una agradable. Poco a poco, fui conociendo a los demás turistas como yo. La gran mayoría estaba en mi grupo de edad. Por lo menos, no recuerdo haber visto a ningún viejo de 40 años o más. Recuerda, tenía 23 años.

Tuve la suerte de conocer a unos muchachos y muchachas que eran alegres y que bajo ningún concepto estaban buscando ninguna loquera y menos una loquera sexual. Aunque tenía mucho miedo de que alguien tratara de propasarse conmigo, gracias a Dios, nunca pasó. Todos se portaron muy caballerosos. De noche, cuando mi compañera de cuarto se dormía, me quedaba en mi cama, llorando, bajito para que ella no me oyera. Era el único momento que tenía para desahogar mi angustia. Era el único momento que tenía más o menos sola. El resto del día nos tenían haciendo todo tipo de actividad física, igualito que un campamento.

Poco a poco nos fuimos conociendo, me hicieron sentir que podía hablar y que podía confiar. Nunca les conté mi pesadilla. Ni a ellos, ni a nadie. No podía tolerar ningún tipo de comentario, que me juzgaran o, peor, que me encontraran culpable. No quería recrear en mi mente esta película tan horrible y tan denigrante. Quería que desapareciera para siempre. Aunque no les conté, me sentía mejor cada día que pasaba. El llegar por la mañana a juntarnos en un ambiente de amigos, donde nadie quería besarme, tocarme o emborracharme, era lo que me hacía falta. Ellos sin saberlo, fueron mi terapia, me ayudaron a darme cuenta de que había otras personas, personas buenas.

La semana pasó rápido, pues como dicen en inglés, el tiempo vuela cuando lo estás disfrutando. Durante la semana, me enfoqué en hacer deportes y sacar a la niña de mi interior a jugar, a pretender que todo estaba bien. Competí en lo que pude, para estar ocupada y no tener tiempo de pensar en lo horrible que había sido la noche que llegué al DF. Para el fin de esta semana inolvidable, pude salir mucho mejor de lo que entré. La verdad es que disfruté mucho de día, aunque de noche lloraba. Estas personas extrañas me ayudaron a sanar lo suficiente o, por lo menos, a seguir hacia adelante. Compartimos números de teléfono y al regresar a California, muchos nos volvimos a juntar como amigos.

Curiosamente, poco tiempo después de regresar a mi apartamento en California, me llamó un exnovio. Me atreví a contarle mi experiencia horrible, no con el detalle, simplemente el suceso, me violaron. Su primera y única pregunta fue, ¿estás segura que no fue tu culpa? Y sin esperar mi respuesta, abundó, explicando cómo era que él creía que muchas muchachas se lo buscan. ¿Qué dices?, ¿cómo era posible que una persona que yo había querido y que supuestamente él a mí también, estuviera pensando que yo me lo había buscado?, ¿tan bien me conocía que pensaba que yo era capaz de buscarme que me violaran?

En cuestión de segundos, como cuando estás al borde de la muerte que dicen que te pasan la película de tu vida, me puse a pensar: *Si te ofrezco un pedazo de bizcocho y tú dices que no deseas, ¿tengo el derecho de empujártelo por la boca, a la fuerza? Y si tú dices que te comes un pedacito, como para probarlo, y luego dices que no quieres más, ¿tengo el derecho de empujártelo por la boca? NO, la contestación es NO, NO y NO. Nadie tiene derecho a imponerse sobre nadie, no importa el tema y menos una violación sexual.* Si me estás juzgando, piensa bien las consecuencias de juzgar. Porque por ese dedo tuyo que me señala, hay 3 señalando hacia ti. ¡Qué fácil es juzgar! Lo que no te das cuenta es la energía negativa que se te acerca y forma parte de ti cuando juzgas. Imagínate que le pase a una hija o hermana tuya, que por ser una persona honrada, sin malicia, confíe en otra persona. ¿Vas a decir que se lo buscó? Y tú, ¿de verdad eres tan perfecta(o) que sabes que una mujer se busca que la violen?

En aquel momento, no sabía qué me había dolido más, un extraño violándome o una persona que yo había querido y ahora desgarraba mis sentimientos. Estaba vulnerable y se aprovechó para caerme a pedradas. Aunque nunca entendí por qué tuvo que hacer esta observación tan aberrante, hay que aprender a perdonar. Lo perdoné hace muchos años. Hoy pienso *qué bien que ese noviazgo no duró*. El hombre que quiero a mi lado es el hombre que tengo, un hombre íntegro, honesto, seguro, que me reconoce por mis valores, que me defiende y protege ante todo y que sabe valorar quien soy y lo que doy.

Luego de esa conversación, prometí callar mi secreto de por vida. La única vez que lo había dicho, había sido condenada en segundos. No podía arriesgarme a tener una doble condena. Tenía que callarlo para siempre, y así fue. A nadie le he contado esta experiencia, a nadie. Cuando la gente habla de temas de violación, yo no opino. No quiero hablar, de hecho, si puedo me voy del grupo o busco cambiar el tema. Pues rápido, viene la película de mi impotencia en México, seguida por la película del día que fui hallada culpable por la violación que supuestamente me busqué.

¿Cuál es la diferencia?

¿Cómo decir que todo lo malo es bueno? Difícil, en esta ocasión, muy difícil. Fue una experiencia que callé gran parte de mi vida y que hoy decidí contar. Hoy he crecido espiritualmente y me siento fuerte. Estoy segura de que yo no me busqué esta situación. Por alguna razón, si lo atraje, pasó. Mi decisión de compartir esta historia tan personal y denigrante es para que entiendas que nadie es diferente y a todos nos pasan situaciones. Todos tenemos un aprendizaje en este plano. Es como te dije anteriormente, aprende rápido o te repiten la lección. En mi caso, aprendí a ser fuerte, a echar hacia adelante. Nadie me tumba. Solo yo me tumbo. Solo yo lo permito. A pesar de que todos piensan que a mí todo me sale bien, continúo hacia adelante.

Mi decisión de compartir esta historia tan personal y denigrante es para que entiendas que nadie es diferente y a todos nos pasan situaciones.

Sí, tuve una muy mala experiencia y la película está bien clara, pero no está presente. Estoy muy orgullosa de mí porque pude sobreponerme a ella. Como dice Lily García en su libro, *Los secretos de las personas felices:* "… el que vive con la vista puesta en el pasado que le dolió, es incapaz de ver las bendiciones que tiene al frente". (García, 2004. p.22)

Hoy no siento rencor hacia aquel chico en México. Tampoco siento odio hacia el exnovio que me juzgó rápidamente. Los perdoné (al violador y al exnovio) y me perdoné. Aprendí que hay diferentes tipos de hombres (y mujeres) que piensan primero en ellos mismos antes que en los demás. Ambos, el violador y mi exnovio, pensaron en sus necesidades antes de las mías.

Me da pena pensar que hay tantas mujeres, niñas y niños pasando por experiencias parecidas y peores.

Me pasó una vez, pero hay tantas mujeres, niñas y niños que repetidamente están siendo violados. Solo espero que puedan salir de ese trauma rápido y que puedan recobrar su salud mental.

Cada cual tiene sus secretos. Hoy yo lo comparto, sin embargo, al principio no sabía si me sentía mejor por hacerlo. Tuve que pensar mucho tiempo para recordar el detalle que por tantos años intenté borrar. ¿Y por qué contarlo? Porque tarde o temprano hay que dejarlo salir. Es parte de mi sanación. Es parte de mi historia. Pasé una experiencia horrible y la superé. No me digas que yo no sé de qué estoy hablando cuando me cuentes tu desgracia. Todos pasamos por buenos y malos momentos. El punto de contarte esta historia es sencillo, tú y solo tú tomas la decisión. ¿En qué te quieres enfocar, en la meta o en el obstáculo?, ¿se te hace más fácil decir pobre de mí? Esa es tu decisión, pero después no digas "es que a ti todo te sale bien". No, es que tú decidiste no

> *¿En qué te quieres enfocar, en la meta o en el obstáculo?, ¿se te hace más fácil decir pobre de mí? Esa es tu decisión.*

hacer nada al respecto. Lo bueno de la vida es que hay muchas personas disponibles para ayudarnos a llegar a nuestras metas. No tienes que ir solo por el mundo, sufriendo. Hay tantos lugares, tantas personas que quieren ayudarte. Date la oportunidad. Busca ser feliz, tú puedes.

Reflexión de Evolución en el Amor

Sugiero que pienses y contestes con honestidad.

¿Tienes algún secreto que te impide echar hacia adelante o que te impide tomar decisiones?

___ Sí ___No

Explica:

_____

_____

_____

¿Estás lista(o) para aceptar que este evento sucedió? ___ Sí ___No

Explica:

_____

_____

_____

¿Crees que debas callarlo? ___ Sí ___No

Explica:

_____

_____

_____

¿Tienes alguna relación cercana que deseas mejorar? ___ Sí ___No

Explica:

_____

_____

_____

La relación con tu mamá, ¿es buena?

___ Sí ___No

Explica:

_____

_____

_____

¿Cómo la mejorarías?

Explica:

_____

_____

_____

¿Con tu papá? ___ Sí ___No

Explica:

_____

_____

_____

¿Con tus abuelos? ___ Sí ___No

Explica:

_____

_____

_____

¿Con tus hermanos? ___ Sí ___No

Explica:

_____

_____

_____

¿Con otros familiares? ___ Sí ___No

Explica:

_____

_____

_____

¿Tus acciones favorecen a los demás primero que a ti? (¿O tú vas primero que los demás?)

___ Sí ___No

Explica:

_____

_____

_____

En tus relaciones amorosas y con las amistades, ¿buscas el mismo tipo de persona, es decir, hay patrones de comportamiento en tus relaciones?

___ Sí ___No

Explica:

_____

_____

_____

Evolución en la salud

La salud es un tema muy extenso y variado. Está la salud emocional, la mental, la espiritual y la corporal: una tiene que ver con la otra. Si comes con coraje, ese alimento no se digiere igual que si te lo comes mientras te sientes feliz. Y es que, cuando sientes ansiedad o estrés, hay un sinnúmero de hormonas que se activan innecesariamente, obstruyendo el proceso natural de la digestión. Si piensas que naciste para sufrir, tu mente con sus falsas creencias se encargará de buscarte complicaciones y, ¿qué mejor complicación que una mala digestión que impacta tantos órganos? Así ahora podrás tener razones para quejarte por buen tiempo, pues si no es el estómago, será el hígado, la vesícula, el intestino, el páncreas y otros, hasta el corazón.

Si piensas que naciste para sufrir, tu mente con sus falsas creencias se encargará de buscarte complicaciones y, ¿qué mejor complicación que una mala digestión que impacta tantos órganos?

Actualmente, los estudios han comprobado que las enfermedades crónicas como las enfermedades del corazón, la diabetes, la obesidad y el cáncer son causadas por el hombre. Es decir, por una mezcla de mala alimentación, falta de ejercicios y falta de prácticas espirituales. Además, vemos que cada vez hay más niños y jóvenes sufriendo de enfermedades que antes solo padecían los adultos. Otra conclusión que han hecho los expertos es que la expectativa de vida -la cual iba subiendo- ahora está disminuyendo. Las nuevas generaciones durarán menos, todo, por la mala alimentación, el consumo de alimentos altamente procesados, genéticamente modificados y/o con alto contenido de azúcar y sodio.

En la medicina occidental vemos dos tendencias. Por un lado, vemos cómo doctores que siguen los conceptos de la medicina tradicional, apoyada por los grandes intereses de las farmacéuticas, recetan fármacos que usualmente esconden los síntomas sin curar la enfermedad, o curan mientras añaden nuevas complicaciones como resultado de los efectos secundarios del medicamento. La segunda tendencia es la Medicina Funcional, con la que los doctores se han dado cuenta de que el cuerpo no tiene deficiencia de un fármaco, sino deficiencia nutricional. El cuerpo tiene la capacidad de sanar por sí mismo. Lo que necesita es nutrirse bien de los alimentos apropiados y las prácticas complementarias para que pueda sanar.

> *El cuerpo tiene la capacidad de sanar por sí mismo. Lo que necesita es nutrirse bien de los alimentos apropiados y las prácticas complementarias para que pueda sanar.*

Bajo esta tendencia, muchos médicos de la medicina tradicional occidental se han dado cuenta de que la Medicina Tradicional China (TCM) y la Ayurveda (proveniente de la India), que datan de más de 5,000 años, no eran brujerías o casualidades.

Es importante repasar la historia para no condenarse a repetirla. Hace más de 100 años, luego de establecidas varias escuelas de medicina en los EEUU, llegaron dos grandes comerciantes, los señores Andrew Carnegie y John D. Rockefeller, a finales del siglo XIX y principios del siglo XX. Carnegie y Rockefeller unieron sus fundaciones y a través de ellas, aportaban donaciones y becas a dichas instituciones educativas.

En aquella época existían escuelas de medicina homeopática, de medicina con base en la naturopatía, de hierbas eclécticas y escuelas de quiropráctica. Los señores Carnegie y Rockefeller deseaban establecer un método de enseñanza que curara únicamente mediante fármacos. Crearon un monopolio para eliminar la competencia que utilizaba remedios naturales. Ingeniaron un plan muy astuto, comisionaron un informe que antes de comenzarlo, ya tenía el diseño de los hallazgos. El Informe Flexner del 1910, creó el estándar de la enseñanza de la medicina y el aval para los tratamientos exclusivamente mediante fármacos. Concluyó que hasta ese momento era

Ingeniaron un plan muy astuto, comisionaron un informe que antes de comenzarlo, ya tenía el diseño de los hallazgos.

demasiado fácil comenzar una escuela de medicina dado a que los procedimientos utilizados permitían alternativas naturales. Ahora, con este informe, las escuelas tenían que comprometerse a recomendar las medicinas patentadas. Rápidamente, fueron donando millones de dólares a las escuelas de medicina a cambio de poner uno de los de ellos en sus juntas de directores. Así se aseguraban de que el dinero donado era invertido "sabiamente" por la universidad. Si se preguntan por quiénes estaban patentadas y manufacturadas las medicinas: por los señores Carnegie y Rockefeller, por supuesto. Poco a poco, las universidades fueron dirigiéndose a enseñar que para cada enfermedad había que recomendar fármacos, una costumbre que al día de hoy es la que siguen enseñado en las escuelas de medicina.

Para el 1925, más de 10,000 herboristas se habían quedado sin trabajo. Para el 1940, más de 1,500 quiroprácticos se procesaban en las cortes por "farsantes". Para el 1950, todas las escuelas de homeopatía habían sido cerradas. Al final, si una persona se graduaba de alguna universidad no aprobada según los requisitos del Informe Flexner, no conseguiría trabajo en ningún lado. Por eso es que hoy, los médicos no son adiestrados en nutrición y métodos naturales.

La nena tiene depresión

Durante unos años, compartía con frecuencia con unos amigos como si fueran familia. Tenían una hija y los tíos y abuelos usualmente estaban de visita. Era una familia muy unida, muy alegre y deseosa de compartir. La nena se pasaba jugando y tanto los abuelos como los tíos, hacían lo que mejor hacen: alcahuetearla. Cada vez que había una celebración en la familia, yo estaba ahí; y como mis hijas ya eran grandes, iba sola.

La niña jugaba con sus primos y corría por toda la casa, mientras los adultos conversábamos y reíamos. La verdad es que se pasaba bien. Entonces, a la hora de servir la comida, me lo gozaba pues usualmente el menú era uno exquisito. En aquella época, todavía no era *coach* de salud, sin embargo, llevaba años leyendo cuanta teoría de nutrición encontrara, buscando ese secreto de cómo mantenerme en mi peso ideal.

Como era mi costumbre, llevaba la ensalada para asegurarme de que hubiera algo verde. Además, desde hace años era conocida por mis aderezos, hechos en casa, con ingredientes naturales. La verdad es que me quedan sabrosos. Da gusto comer una ensalada llena de diversos vegetales, nueces y pocas frutas, con uno de mis aderezos. Lo curioso era que la mayoría no comía mi ensalada. Algunos apenas la probaban y los niños... ini hablar!, esos sí que no comían ni media hoja verde. Pero a la hora del postre, pues como era una celebración, de seguro había algún bizcocho delicioso. La sorpresa era bien grata y variada. Los mejores postres me los podía encontrar en esta casa. Ahora sí, la tía le decía a la nena, que apenas había comido del plato principal pero sí había comido del arroz: "Mira nena, ven a comer el frostin del bizcocho que tanto te gusta", y la nena salía a las millas hacia la mesa para comerse su plato con frostin solamente.

Yo me quedaba anonadada, pues no podía creer la cantidad de frostin que le estaban dando a esta niña de ocho años. ¡Un plato de azúcar pura, ay, Dios mío! Pero eso no se quedaba ahí. Tan pronto la nena salía corriendo, la tía la volvía llamar, para que viniera a comerse un segundo plato de frostin. "Ven", le decía, "ven, te preparé otro plato del frostin que tanto te gusta". La nena, que estaba como si tuviera baterías nuevas, no paraba de correr. Casi la tenían que regañar para que viniera a comerse el segundo plato de azúcar. ¡Qué remedio!, tanto insistía la tía, que la niña tenía que venir a comer. Ahora la nena podía casi volar. Aún con todo lo que estaba corriendo, todavía tenía, fácilmente, unas veinte libras demás. Yo pensaba que a los ocho años, casi todos los niños eran delgados. Si a esa edad ya la niña estaba sobrepeso, no me quiero imaginar cómo será cuando sea mayor de edad.

Por fin me ofrecieron bizcocho. Me comí un pedazo diminuto y rápidamente fui criticada: "Nena, tú siempre con tus dietas. Estamos celebrando, cómete un buen pedazo, como Dios manda". ¡Ah!, si pensaste que solo eran dos platos de postre para la princesita de la casa, estás mal. Ahora el abuelo le ofreció un tercer plato de frostin. ¿Cómo iba a quedarme callada?, ¿cómo llamarle la atención a este abuelo y dejarle saber que está matando a su pobre nieta? Entonces, le dije a la tía: "¿No crees que es mucha azúcar para una niña tan pequeña?". A lo que me respondió: "Bueno pero es que le gusta mucho". Pensé, *¡claro que le gusta mucho, si se han encargado de hacerla una adicta al azúcar!*". Decidí morderme la lengua mientras observaba que la única que estaba cerca del peso ideal era yo. Cada uno en esta familia tenía un mínimo de ochenta libras demás.

Pasaron varios meses y llegó el tiempo para la próxima celebración. Por supuesto que yo iba a estar allí. Cuando llegué, lista para más risas, el ambiente estaba un tanto tenso. No entendía bien, pero sabía que algo había ocurrido y no estaban hablando del tema. La dinámica era diferente. Los niños no estaban corriendo como usualmente lo hacían. Los tenían sentados pintando un libro de colorear, de manera que pudieran observarlos. *¡Qué extraño!*, pensé. Por fin, no pude más y cuando tuve oportunidad de hablar más o menos a solas con la mamá, le pregunté bajito: "¿Qué está pasando?". Entonces, me haló por un brazo, me llevó para la cocina, y me dijo: "La nena trató de suicidarse". *¿Qué?*, pensé, *¡pero si tiene ocho* *años!* "¿Qué pasó?", le dije. Entonces la mamá, de manera bastante tranquila, empezó a decirme cómo fue que la nena había agarrado un pote de pastillas y se las había tomado. "Gracias a Dios, agarró unas pastillas que no tienen mucha dosis y tomó muy pocas para lograr el suicidio", dijo. "Entonces, ¿qué van a hacer?", pregunté. "Bueno", me dijo, "la llevamos al psiquiatra y la estamos medicando, pues le encontraron ADHD y depresión". Me dije, *¡Así que ahora, además de las alergias y el asma, la nena tiene ADHD y depresión!*

Quedé sin habla. En eso la nena entró a la cocina y le pidió algo de comer a su mamá. Le dieron un paquete de Oreos con leche de vaca. ¿Cómo decirle que lo que primero que debían hacer era ¡quitarle el azúcar!? Como *coach* de salud me quedaba tan claro. ¿Por qué nadie es profeta en su tierra?, ¿por qué era yo la única que lo veía? Me armé de valor y suavemente le pregunté: "¿Has pensado mejorar la dieta, quitarle todos estos dulces?". Me respondió: "Eso no tiene que ver. Ella es una niña y se supone que coma así". No pude más y le dije: "Sabes que llevo años leyendo libros de nutrición. Sabes que soy *coach* de salud. El Dr. Mark Hyman muestra evidencia en su libro, *The UltraMind Solution*, de cómo el azúcar y los alimentos procesados como las harinas, hacen tanto daño,

> *La adicción al azúcar es muy peligrosa. Intenta hacer cambios.*

suficiente para causar condiciones como ADHD. La adicción al azúcar es muy peligrosa. Intenta hacer cambios". Se limitó a contestarme un simple: "Deja ver".

Pasaron unos meses más y llegó la Navidad. Pasé, como de costumbre, a llevar unos regalitos. Cuando llegué, no lo podía creer. En apenas seis meses, la niña engordó otras veinte libras. Ahora tiene como cuarenta libras demás; no me quiero imaginar cómo les están impactando en su vida social. Esta niña ya cumplió los nueve años y pronto comenzarán las fiestecitas del salón. ¿Por qué los padres, abuelos y tíos insisten en engordarla de esta manera? Intenté una vez más y con todo el amor que pude, le pedí que hiciera cambios en la alimentación de la niña. "¿Te leíste el libro del Dr. Hyman, del que te hablé en el verano?", le pregunté, "Puedes cambiar la salud de tu hija con una buena alimentación". Su respuesta: "¿Tú qué sabes? Tus hijas ya son grandes y tú no tienes idea de lo que es pasar por esto. A ti todo te fue bien con ellas. El doctor ya dijo que así es, la niña tiene depresión y ADHD. Los medicamentos le ayudarán. No pretendas saber más que un doctor".

El síndrome

No pretendo saber más que un doctor o cualquier otra persona. El hecho de que un doctor sepa más que yo del cuerpo humano o de fármacos, no lo hace omnipotente, ni mejor que yo. Simplemente se educó más que yo en un tema. Lo que no entiendo es qué pasa cuando el doctor no sabe la contestación al cuadro médico. Parece que al no poder diagnosticar, la nueva tendencia es llamarle el "síndrome", y con eso suena a que saben de lo que están hablando. Mis disculpas a mis amigos médicos si se ofenden, es una impresión. Explico cómo llegué a la misma.

Un día de verano estaba corriendo bicicleta con mi pareja, por primera vez en el Paseo Lineal de Bayamón, P.R. Ya había corrido en la calle por todo Condado, Isla Verde y Piñones y quería correr en un ambiente seguro. La verdad es que me sentía libre, corriendo sin ningún peligro, en este parque precioso con unas vistas espectaculares, costeando el río hasta llegar al mar. El recorrido completo es de aproximadamente diez millas, así que el plan era darle dos vueltas para correr unas veinte millas. Cada vez me sentía más confiada y podía ir más rápido. No había automóviles, no había peligro.

Una señora que iba corriendo lentamente en su bicicleta al frente mío, se estaba echando hacia la derecha para detenerse. Prácticamente se había detenido y yo le estaba pasando por la izquierda, cuando la señora decide incorporarse y continuar pedaleando. La señora no miró a ver si venía alguien, y ahí estaba yo, pasando justo al lado de ella. Para evitar un choque, di un viraje cerrado, mi pedal chocó con el pavimento y yo salí volando. Puse mi mano derecha primero y en cuestión de fracción de segundos, sentí mi cabeza chocar con el suelo. No podía moverme, me dolía el brazo derecho. Pensaba que pronto vendrían los ciclistas de atrás, se enredarían conmigo y sería peor. De alguna manera me arrastré por el piso hasta llegar al borde del paseo, de manera que ya por lo menos nadie debía llevarme por el medio.

Mi pareja insistió que moviera el brazo, que lo enderezara, y que lo moviera para no entumecerlo. Casi no podía moverlo. Según pasaban los segundos, el dolor se iba intensificando. Logré enderezar el brazo, pero ahora no podía doblarlo. Pasaron como cinco minutos y el dolor era insoportable. Gracias a Dios, el contratista a cargo del mantenimiento de los jardines del parque estaba en su camión a unos pies de distancia y nos había comunicado que estaba listo para ayudarnos. De alguna manera, logré montarme en el camión, al lado del conductor, y la bicicleta iba con los escombros que el señor había recogido. Como no podía sentarme derecha, iba casi acostada en el asiento al lado del jardinero, entonces me percato que había un cobito muy grande en un vaso plástico. De camino al estacionamiento donde estaba mi carro, el vaso se cayó, el cobito se salió y ahora estaba tratando de escapar. Me estuvo cómico dentro de la tragedia, que ahora yo estaba más pendiente al cobito; a que no se me acercara, a que no se me trepara por el brazo, a que no me fuera a picar; el dolor quedó en un segundo plano... a fin de cuentas, ambos estábamos luchando por sentirnos mejor.

Llegamos al estacionamiento y este ángel me ayudó a bajarme. El dolor era intolerable. No había posición en que pudiera poner el brazo para aminorar el dolor. Mi pareja me llevó al hospital más cercano y allí diagnosticaron que no tenía fractura. Me pusieron un cabestrillo, una inyección para el dolor y me mandaron para mi casa. Era un viernes de un fin de semana largo, así que no sería hasta el martes que vería a un ortopeda.

El martes, cuando el ortopeda vio la placa, inmediatamente me dijo: "¡Claro que tienes fractura!". Ahí comenzaron las instrucciones. No me pondrían un yeso pues era el codo lo que tenía fracturado. Mi primer maestro de sanación pránica y amigo del alma, Marcos Magallanes, me dio sanación en el codo. De manera bastante rápida, en tres semanas, fue mejorando, al punto que ya no tenía la fractura. Sin embargo, el hombro y la mano se iban empeorando. El hombro me dolía todo el tiempo. No podía subir el brazo y no entendía: si era el codo lo que se había fracturado, ¿qué tenía que ver el hombro en todo esto? La mano se había hinchado de tal manera que parecía una bomba de cumpleaños a punto de explotar. No podía agarrar nada; ya estaba hecha una experta con mi mano no dominante.

Mi doctor me hizo una explicación muy buena sobre cómo el cuerpo inflama el área afectada para protegerla. Seguí sus instrucciones, sin embargo, la mano y el hombro no mejoraban. Entonces, decidí ir a ver a mi quiropráctica. Ella me ajustó y me sugirió ir a un ortopeda, especialista en manos. El especialista, que no aceptaba planes médicos y me cobró una buena suma de dinero, me miró, me preguntó si podía poner la mano sobre el escritorio, y si me dolía cuando él le ponía presión. De inmediato me dijo: "Yo sé lo que tú tienes. Es el síndrome X" (no recuerdo el nombre). Procedió a explicar el síndrome: "Se sabe muy poco de este síndrome. Así que voy a recomendar que tomes un antidepresivo, pues aunque no estás deprimida, el antidepresivo da sueño y debes descansar. Además, te voy a dar antiinflamatorios. Debes ir a coger terapia para que vuelvas a mover la mano, el codo y el hombro. Además, debes ir a una clínica del dolor para que te evalúen y consideren hacerte un bloqueo del nervio. Es muy probable que haya que hacerte cirugía en la mano. Ahora bien, no prometo que vuelvas a mover tu mano".

Durante dos horas, estuve caminando como un zombi. Iba repasando, ¿cómo es que me fracturé el codo y lo más seguro es que no voy a volver a mover mi mano?, ¿y todo porque tengo un síndrome del que se sabe muy poco? Mientras más lo pensaba, más me confundía. ¿Cómo es que este señor es un especialista y admite que se sabe muy poco de mi síndrome?, ¿antidepresivos, bloqueos de nervios, cirugía? Y después de dos horas de estar repasando todo esto, de momento me dije: yo *me fracturé el codo, no la mano, ni el hombro. Este doctor puede ser un especialista, pero él mismo dijo que no sabe el porqué de mi condición.*

Así que regresé a contarle todo a mi quiropráctica, la Dra. Roxana Rosario. Allí estaba otro ángel, el masajista Osvaldo Torres. Ambos escucharon mi episodio de horror y en ese momento, el masajista me dijo: "Vente que yo te voy a ayudar a mover tu mano y tu brazo nuevamente". Continué viendo a mi quiropráctica, a mi masajista y tomé las terapias para la mano y el brazo con el grupo de MRN Therapy Holistic Services. Poco a poco, la inflamación se fue sin medicamentos químicos. Usé pimienta cayena, según me recomendó el masajista. Tomaba cúrcuma, la echaba en cualquier té para bajar la inflamación. Al principio, en las terapias, no podía agarrar las habichuelas secas con mi mano, pero cada vez que iba, lo hacía mejor. Cada vez que el masajista me trataba el brazo, llegaba a moverlo más y mejor. Cada vez que la quiropráctica me ajustaba, me sentía mejor.

¿Y eso es bueno?

Por más de seis meses estuve sin poderme maquillar bien, pues no tenía la precisión necesaria con mi otro brazo. No podía bañarme bien, ni peinarme bien o secarme el pelo, pues es una tarea que requiere ambas manos. Escribía sumamente lento. Tuve que inventarme nuevas maneras para colgar la ropa, usando la boca y una mano; para cortar una cebolla y cocinar alimentos, para fregar el sartén y los platos. Vestirme era toda una odisea. Estuve sin ponerme un pantalón con cremallera *(zipper)* durante todos esos meses. Como no hacía ejercicios, engordé bastante. ¿Pero sabes qué? Todo el tiempo estaba feliz, podía hacerlo todo aunque fuera lento y cada día que pasaba, medía mi progreso. Me reía cada vez que sentía mejoría y pensaba que lo estaba logrando de manera natural.

¿Cuál es la diferencia?

Un año después de ese accidente, ya había logrado recuperar todo el movimiento en mi brazo y mi mano. Logré hacer ejercicios, cada vez mejor y con más peso. Me pregunto, ¿cuántas personas se han dejado convencer por un diagnóstico erróneo? Durante mi proceso, vinieron muchos a contarme de su experiencia cuando ellos se rompieron su muñeca, su mano o su brazo, y cómo habían tenido que operarse cuatro veces y todavía no lograban moverse como antes. Lo mismo pasaría conmigo, me decían... y yo, inmediatamente, bloqueaba a estas personas. Toda persona negativa queda fuera de mi vida. No porque me crea mejor, sino porque son energías que atraen a otras energías de igual formato. Me mejoré porque decidí que me iba a mejorar. Solo di espacio a los que venían a ayudarme con el bien. Mi maestro de sanación pránica ayudó a que mi codo sanara más rápido; mi masajista, a darme el movimiento que necesitaba; mi quiropráctica, a permitir que la energía fluyera correctamente por mi cuerpo, y mi equipo de terapia física, a ayudarme con el movimiento y a hacerme reír. La risa fue clave para ponerme en el estado de ánimo correcto.

La risa fue clave para ponerme en el estado de ánimo correcto.

No entiendo por qué hay tantas personas que prefieren medicarse tanto. Me imagino que es más fácil que ponerse a comer alimentos saludables, a tener actitud positiva, sin quejarse y a ejercitarse. Cada vez que pienso en esta pobre niña, tomando tanto medicamento para aliviar su ADHD, depresión, alergias y asma, me pregunto, ¿y si tan solo le permitieran comer mejor? Hay tantos casos de personas, de niños que se les ha desaparecido por completo el asma, el ADHD, las alergias y, por supuesto, la depresión con solo comer saludablemente.

Hay tantos casos de personas, de niños que se les ha desaparecido por completo el asma, el ADHD, las alergias y, por supuesto, la depresión con solo comer saludablemente.

Como *coach* de salud, lo estoy viendo y me maravilla ver lo sabio que es el cuerpo humano. Lamentablemente, no todos lo quieren aceptar. De la misma manera, veo tantas personas que están operándose la cadera, el túnel carpiano, la rodilla. Con una buena sesión de estiramiento, con ejercicios isométricos, que permiten fortalecer las coyunturas, y con alimentación apropiada, muchos han evitado la cirugía. No te des por vencida(o) tan rápido. El camino rápido puede que sea el más largo. Tal vez no hubiera escrito este libro si llego a seguir el consejo del especialista. Recuerda, el doctor me dijo que no prometía que volviera a mover mi mano aún después de una cirugía.

Engordo no importa qué

Era flaca desde pequeña, pues cada dos a tres meses sufría de un ataque de asma. Cuando estaba aumentando unas libras, venía el próximo ataque de asma y las rebajaba. Recuerdo estar sin aire muchas veces, pero el asma no fue obstáculo para mi mamá o para mí y como a los siete u ocho años se desapareció.

En ese momento ya no estaba tan flaca. Pero como hacía mucho ejercicio, jugando en la calle, corriendo bicicleta y, luego de jovencita, jugando voleibol y *softball* en la escuela superior, me mantuve en forma. Desde los catorce años, me acostumbré a ir al gimnasio y llevar una rutina de ejercicios. Era parte de mi vida y me gustaba. Cuando me fui a estudiar a la universidad en Atlanta, logré que me aceptaran en el equipo de voleibol de la universidad. Ahora sí que tenía una rutina fuerte en el gimnasio. Entre los ejercicios y el fumar cigarrillos, un mal hábito que comencé en la universidad, estaba bien delgada y en excelente condición física.

Cuando me casé y tuve a mis dos hijas, dejé de fumar solamente durante mis embarazos. No me siento orgullosa de fumar, pero no lo puedo borrar. Lo acepto y me perdono por el error. Estaba tan frustrada por fumar, que pedía al Universo o a Dios que me dieran una enfermedad, lo suficiente mala para que dejara de fumar, pero no tan mala que me matara o me dejara incapacitada. Quería dejar de fumar y no sabía cómo. No tenía la fuerza de voluntad que hacía falta. Eran muchos los que fumaban a mi alrededor, incluyendo a mi exmarido, que en aquella época, todavía estábamos casados.

¿Y eso es bueno?

Y el plan de manifestación funcionó tal como lo pedí. Me dio una pulmonía que estuve hospitalizada por diez días. ¡Fue horrible! Como no fumigan en las habitaciones de los pacientes con problemas respiratorios, todas las cucarachas iban a parar o pasearse por mi habitación. Recuerdo estar despierta a la 1:00 a.m. y ver cucarachas caminando por la baranda de la cama. ¡Qué horror! Ahora sí había dejado de fumar por obligación. Ya no podía tolerar a alguien fumando a mi lado, ni cerca, ni con el olor por haber fumado recientemente.

No sé si era la combinación de dejar de fumar y tener como unos cuarenta años de edad, que empecé a engordar poco a poco, consistentemente. Yo que había regresado a mi peso después de ambos embarazos. ¿Qué me estaba pasando? Probé todas las dietas, desde Weight Watchers, Jenny Craig, Southbeach Diet, Alkaline Diet, Hcg (la dieta de hormonas), ir a un naturópata, hasta tomar todas las pastillas que salieran al mercado. Nada parecía funcionar. Hacía un esfuerzo gigantesco para rebajar una o dos libras y en cuestión de una noche podía engordar cuatro libras de cantazo. ¡Qué frustración más grande!

Weight Watchers era fácil, sin embargo, en uno de los formatos que seguí, dejé de rebajar y hasta a veces engordaba media libra. Así que la dejé. Con Jenny Craig, la dieta consistía en comidas completamente procesadas, llenas de químicos, azúcar y sal. Después de mucho sacrificio, pues no podía comer con nadie al tener que consumir los productos de Jenny Craig, la dejé. Recuerdo que el día #15 con la dieta Southbeach te permiten comer fresas, pues, ¡al otro día había engordado sin romper la dieta! Para hacer la dieta de Hcg, fuimos un grupo de la oficina. Comíamos 500 calorías al día, y yo que fui la que menos rebajó, rebajé la mitad de lo que las demás personas rebajaron. Hacía todo tipo de ejercicios, jugaba tenis de dos a tres veces por semana, estaba en la liga y competía jugando sencillo, iba al gimnasio tres veces por semana, hacía *kickboxing* una vez a la semana, y ejercicios de Pilates tres veces por semana. Luego comencé a hacer *spinning* una vez por semana. Y todo esto me ayudaba a mantenerme en mi peso, pero no lograba rebajar ni una onza.

Poco a poco, dejé de echarles jugo a las bebidas alcohólicas para bajar las calorías. Solo tomaba agua, comía frutas, vegetales y productos libres de grasa *(non-fat)*. Lo que no me daba cuenta es que cada vez tenía más estrés en mi vida. Estrés emocional por no ser feliz en mi matrimonio, por no tener tiempo para divertirme, estrés financiero, estrés por estar engordando y no saber cómo detenerlo. Mi sistema hormonal estaba completamente desbalanceado y si tus hormonas no están en balance, tu peso va a sufrir.

¿Cuál es la diferencia?

Ahora que soy *coach* de salud es que vengo a descubrir cómo escuchar mi cuerpo y darme cuenta de que llevaba años maltratando a mi intestino. Cuando comes demasiado rápido y no masticas un mínimo de 20 veces, el alimento puede llegar al intestino delgado demasiado grande. Esto puede crear inflamación en el área y crear una cadena de complicaciones en tu salud, desde fibromialgia, alergias, artritis, estrés y enfermedades crónicas.

Entendí cómo funciona el sistema hormonal y comencé a hacer pequeños cambios a la vez. Así pude determinar cuáles cambios estaban favoreciéndome y cuáles no.

Es importantísimo hacer ejercicios de respiración, ya que ayudan a estabilizar las hormonas que le dicen al cuerpo que hay peligro. Cuando respiras profunda y lentamente, ayudas al sistema nervioso parasimpático, el cual le dice al cuerpo que no hay que producir las hormonas de estrés. Entonces, si estás comiendo, tu digestión no se interrumpe. Si comes con estrés o de prisa, puedes tener complicaciones como estreñimiento. Si tienes estreñimiento, el cuerpo se queda con estos tóxicos

> *Cuando respiras profunda y lentamente, ayudas al sistema nervioso parasimpático, el cual le dice al cuerpo que no hay que producir las hormonas de estrés.*

más tiempo del que se supone, te puede subir el colesterol y el hígado acumula más grasa. ¿Ves cómo se va complicando? Todo por el simple hecho de comer de prisa porque tienes mucho trabajo. Ese trabajo tan importante te puede matar. Si es tan importante tu trabajo, cógelo con calma. Serás más productivo si no te enfermas.

El sistema hormonal es sumamente complejo y fascinante. Un desbalance hormonal se puede reflejar en:

- Cambios de ánimo, incluyendo coraje y depresión, falta de energía y complicaciones con el sueño
- Aumento de la presión, colesterol y riesgo de ataque al corazón
- Aumento de acumulación de grasa
- Achaques y dolores musculares y en las coyunturas
- Inhabilidad para combatir enfermedades
- Dolor de estómago, reflujo y náuseas
- Falta de libido, reducción de espermas en los hombres y falta del ciclo menstrual en las mujeres
- Reducción de la densidad ósea

El bajar el estrés con diferentes ejercicios de energía, el hacer ejercicios isométricos al igual que cardiovasculares y el aprender a escuchar a mi cuerpo, me ayudaron a identificar los alimentos que quiero y debo comer. Dejé de pesarme, como hacía antes, diariamente.

Otro factor importante fue dormir más horas. Cuando te acuestas temprano, como a las 10:00 p.m., el nivel de cortisol está en un punto óptimo para que tu cuerpo descanse.

El cortisol es la hormona relacionada con el estrés a largo plazo, es decir, cuando te preocupa cómo vas conseguir algo para la cena de mañana, o cómo pagarás una deuda el mes que viene, esas preocupaciones activan el cortisol. Cuando tienes la cantidad correcta en el sistema, el cortisol sirve como antiinflamatorio y te ayuda a continuar quemando la grasa que necesitas para obtener energía. El nivel de cortisol es más alto en la mañana, pues es uno de los responsables de que despiertes. Según va pasando el día, el nivel de cortisol, que se mide en unidades, va bajando de 25 unidades a las 6:00 a.m., hasta 2 unidades a las 10:00 p.m., de manera que puedas irte a dormir. A las 2:00 a.m., el nivel comienza a subir nuevamente. Si te acuestas tarde, el nivel de cortisol comenzará a subir y, eventualmente, no podrás dormir las 8 horas que tu cuerpo necesita para recuperarse. Además, puede impactar la creación de insulina y el nivel de azúcar en tu sangre, al punto de desarrollar diabetes. Según el nivel de cortisol sube -por alguna preocupación- sobre los niveles normales, le indica al cuerpo que debe poner el metabolismo lento pues hay que conservar energía. Si el metabolismo está lento, los ejercicios no quemarán la grasa y esta se acumulará en el área de tu abdomen, sin importar cuánto ejercicio estés haciendo. Por todas estas razones, y otras que no he descrito, hay que dormir y acostarse cerca de las 10:00 p.m.

Me puse la meta de dormir ocho horas cada noche, y de momento, la ropa me empezó a quedar mejor. Usé mi cuerpo como laboratorio y fui testigo de mis propios

Me puse la meta de dormir ocho horas cada noche, y de momento, la ropa me empezó a quedar mejor.

consejos. Sin estar a dieta, sin estar en sacrificios, he estado rebajando, estoy más saludable y soy feliz.

Reflexión de Evolución en la Salud

Piensa en tu salud y bienestar.

¿Sufres alguna condición de salud? ___Sí ___No

¿Cuál(es)? Explica:

_____

_____

_____

¿Duermes 8 horas al día? ___ Sí ___No

¿Por qué no? Explica:

_____

_____

_____

¿Tomas algún medicamento que da sueño?

___ Sí ___No

¿Cuál(es)?

_____

_____

_____

¿Se te hace difícil rebajar? ___ Sí ___No

¿Qué has intentado?

_____

_____

_____

¿Te gusta hacer ejercicios? ___ Sí ___No

¿Cuál(es) haces?

_____

_____

_____

¿Meditas o rezas? ___ Sí ___No

¿Con qué frecuencia?

_____

_____

_____

Evolución financiera

¡Qué problema existencial!: el dinero. ¿Por qué será que hay tanta mala programación en el mundo acerca del dinero? Hay tantas personas que piensan que porque sus padres se desempeñaron en tal profesión, a ellos les toca hacer lo mismo. Otros piensan, que, porque nacieron en tal lugar, de bajos ingresos, de ahí no podrán salir nunca jamás. Y entonces están los que nacieron del lado verde del pasto. Esos se creen que porque tienen el dinero, lo tienen todo y pueden hacer lo que les da la gana. ¿Cuántos hijos de presidentes, líderes o artistas famosos hemos visto convertirse en desastres? Suficientes. Y ¿cuántos hijos de personas pobres hemos visto progresar? Bastantes. Podemos concluir que para ir de pobre a rico o de rico a pobre, con tu intención es un buen comienzo. Volvemos a concluir que todo está en ti.

En esta sección, te voy a mostrar cómo puedes lograr el éxito financiero. Digo éxito financiero, pues el éxito no es ser rico. El éxito es una definición que cambia para todo el mundo. Algunos llegan a ser peloteros de las ligas mayores y eso es ser exitoso. Otros llegan a tener una familia con hijos y eso es ser exitoso. Otros logran graduarse de un bachillerato y son exitosos. Lo que no debe cambiar es uno de los ingredientes en la fórmula

> *El éxito es una definición que cambia para todo el mundo.*

del éxito. Este ingrediente es el amor. Para ser exitoso, tienes que sentir amor. Tienes que sentir amor por ti, por la vida, por los que te rodean. Por ahora, veamos cómo puedes evolucionar a tener las finanzas en orden.

Para ser exitoso, tienes que sentir amor. Tienes que sentir amor por ti, por la vida, por los que te rodean.

Nadie votó por mí

Recuerdo el día que una de mis hijas llegó a casa tan entusiasmada. Estaba en segundo grado y, en la clase de estudios sociales, la maestra decidió hacer una votación. Puso a varios niños y niñas del salón en la parte del frente y le dijo a los demás que votaran por el niño o niña que era mejor. Mi hija estaba tan contenta porque muchos votaron por ella. No fue la que sacó más votos, pero llegó en segundo lugar. Ella juraba que lo había logrado, el éxito era de ella. Le pregunté: "¿Cómo salieron los demás?", y me dijo: "Pues más o menos. Hubo una nena que no obtuvo ni un solo voto". "Pero, ¿cómo hicieron las votaciones, en un papel en secreto?", le pregunté. "No, mami, nos paramos al frente del salón y la maestra decía tu nombre y los que estaban sentados alzaban la mano". "O sea, ¿que tú viste quien votó por ti y quién no?", le dije sorprendida. "Sí, así mismo". Ella sonreía muy ingenuamente pensando que había sido fabuloso.

Inmediatamente, escuché en mi cabeza el ruido de un disco rallado. ¿Qué? No podía creerlo. ¿Cómo es posible que una maestra de segundo grado le hiciera eso a una niña? Ahora todos en el salón sabían oficialmente, incluyendo la niña, que esta no gozaba de la simpatía de nadie, ni una sola persona. Sentí tanto coraje, tanto dolor. ¿Cómo es posible que con solo una experiencia, le hagan tanto daño a tu autoestima?

Me preguntaba si sus padres se enteraron de este suceso. Estaba indignada. Y pensar que esta maestra era una de mis favoritas. ¿En qué estaría pensando cuando decidió que hacer una votación pública era una buena idea? Le pedí a mi hija que me dijera el nombre de esta niña y decidí observarla de manera secreta en futuras actividades de la escuela. No conocía a los padres, pero me daba cuenta de que era una niña muy introvertida. ¿Cuánto la habría impactado aquella votación en el segundo grado?

Llegaron a graduarse del cuarto año de la escuela superior y nunca escuché hablar a esta compañera de mi hija. No puedo decir si superó su timidez o si fue feliz. Lo que sí me impactó fue pensar que hay tantas personas que le pueden hacer daño a nuestros hijos y lo fundamental y necesario que es decirles, recordarles, una y otra vez, lo importantes que son, lo buenos que son, y que todo lo pueden.

Luego nos preguntamos por qué algunas personas en la empresa parecen que no pueden progresar, no importa qué. Piensa que tal vez su maestra, desde que era muy pequeña, le impregnó dentro de su subconsciente: "Es que nadie quiere votar por ti".

Mi maestra me dijo que nunca alcanzaría una carrera técnica

De pequeña, me gustaba jugar a la tiendita y tenía una caja registradora. Aunque tengo 8 primos, solo tenía dos primos en Puerto Rico: mi primo, que es un año mayor que yo, y mi prima, que es seis años mayor que yo. Mi primo me hacía exámenes de matemática y, aunque siempre me colgaba, yo era feliz. Cada vez que hacíamos alguna competencia, fuera corriendo, corriendo bicicleta o haciendo problemas de la escuela, yo siempre perdía. Sin embargo, con mucho orgullo, le decía a mamá que yo había llegado "certera" ya que no sabía decir "tercera". Estaba muy orgullosa de llegar y de llegar en tercer lugar, lo cual era muy diferente que llegar última. Me imagino que como desde muy temprana edad aprendí a perder (al perder a mi hermana), aprendí que estaba bien perder si por lo menos participas y haces lo mejor que puedes.

Una vez empecé en la escuela, me quedó claro que me gustaban las matemáticas. Mi maestra de primer grado lo dijo, que yo era muy buena en matemáticas. Así que tenía que ser verdad. En tercer grado, era la que más rápido podía resolver una ecuación matemática cuando nos mandaban a la pizarra.

Cuando llegué a cuarto año de la escuela superior, tomé cálculo, que era lo más avanzado en matemática que se podía coger en mi escuela. Recuerdo que en un examen fui de las peores notas del salón. Creo que saqué ¡4 de 100! Nuestra maestra era muy reconocida en la escuela y recuerdo que cuando nos entregó los exámenes corregidos, me dijo muy claramente: "Tú nunca llegarás a estudiar algo técnico, no das el grado". ¡WAO! Todavía recuerdo la indignación que sentí. ¿Quién se creía que era esta vieja para decirme a mí que mi asignatura favorita ya no estaba a mi alcance porque el cerebro no me daba para más?

¿Y eso es bueno?

Tan pronto dijo en voz alta que ya yo había llegado a mi límite, en ese instante, dije dentro de mí: *Vas a ver, te voy a probar que estás completamente equivocada.* Y aunque no sabía qué iba a estudiar, lo más que quería era probarle a esta vieja idiota, que la palabra duele y que hay que tener cuidado con lo que dices y en el tono que lo dices.

No sabía en qué facultad estudiar y ni a cuál universidad ir, lo que sí sabía era que estudiaría algo que tuviera que ver con matemáticas. También sabía que quería estudiar en los EEUU y que no me gustaba el frío. Así que, sin tener idea de nada, un buen día, un amigo de mi papá vino de visita desde los EEUU y nos dijo que si a mí me gustaban las matemáticas, tenía que ir a estudiar a Georgia Tech, por supuesto. Así que mi mamá me llevó a visitar la universidad en Atlanta. Me entrevisté con los decanos de Ingeniería y de Administración de Negocios. Luego de las entrevistas, me quedó claro: yo quería estudiar Ingeniería Industrial en Georgia Tech; no hacía frío y le iba a probar a mi maestra de cuarto año que yo sí podía. Admito que gran parte de mi decisión era optar por la carrera más técnica para probarle a mi maestra lo mal que ella estaba.

El primer trimestre empezó; pensaba que iba a ser la única puertorriqueña en Georgia Tech. Cuando llegué, me encontré con una gran comunidad boricua y comencé a hacer muchas amistades de cualquier país. Hacer nuevos amigos siempre había sido fácil para mí, por ser hija única buscaba la compañía de otros y sabía adaptarme a cualquier grupo.

Tomé cálculo, el mismo que había cogido en la escuela superior, así que debía sacar fácilmente una "A". Tomé química, física y una cuarta clase, que no recuerdo cuál era. Ese trimestre me dediqué a conocer gente, a ir a todas las fiestas que me invitaran, a todos los juegos de fútbol y a entrenar para que me escogieran en el equipo de voleibol.

Tan pronto empezó el frío -según mi termómetro- se me hacía difícil levantarme en las mañanas. Así que me quedaba durmiendo en vez de ir a las clases que comenzaban a las 8:00 a.m. Cuando llegaban los exámenes, me quedaba despierta a fuerza de pastillas de cafeína para estudiar toda la noche. Recuerdo que tomé estas pastillas para el examen final de química. Era mucho material pues había faltado a tantas clases. Estudié y estudié. Cuando llegó el examen, me lo sabía todo. Entonces, a mitad de la prueba, se me acabaron las baterías. No pude más y me quedé dormida encima del examen. No tenía más pastillas. Me desperté cuando se acabó el tiempo para contestar. Demás está decirles, que me colgué.

Cuando llegaron las notas de mi primer trimestre a mi casa, ¡mi promedio era 1.4 de 4.0! Mis padres pensaron que había llegado a mi límite y yo, que me había llegado la hora de la verdad. Mami y papi no me dijeron nada. No hacía falta. La vergüenza y el desaire que tenía conmigo misma era suficiente castigo.

¿Cuál es la diferencia?

Tomé la decisión de volver a Georgia Tech y me dije: *yo no me rajo. Georgia Tech no me va a rajar a mí, yo rajo a Georgia Tech.* En mi segundo trimestre saqué 3.5 de 4.0, en cursos de cálculo más avanzado, química orgánica, física más avanzada y otros más. Ahora sí estaba encaminada a probarme y a probarle al mundo que sí puedo... porque a mí todo me sale bien.

Pasaron los cuatro años requeridos para graduarme de Ingeniería Industrial y lo logré con 3.4 de promedio. Si hubiera podido eliminar ese primer trimestre me hubiera graduado con honores. Pero bueno, en la vida profesional nadie te pregunta cuáles fueron tus notas. Para mí, lo importante era que lo había logrado. Estudié y completé una carrera, hice mis mejores amigos de hoy día, mis hermanos y conocí a un amigo, quien sería mi pareja hoy, 30 años más tarde.

Me entrevisté y me ofrecieron un trabajo en California. La compañía pagó mi mudanza y fui a parar a un apartamento en la costa de Los Ángeles, trabajaría a unas dos millas de distancia, en la industria de la defensa, en un proyecto para hacer un helicóptero de ataque para la Fuerza Aérea. Era una vida muy buena. De vez en cuando pensaba en la vieja maestra de mi escuela superior.

Me quieren botar del trabajo

El otro día me encontré a otra amiga. Ella estaba peleando sola. El saludo fue casi una pelea. "¿Qué te pasa? ¿Por qué este agite?", le pregunté. Entonces procede a explicarme que estaba trabajando en esta compañía desde que se graduó de la universidad. Le ha dedicado toda su vida profesional a esta empresa. Por alguna razón, (¿será la mala economía del país?), están cortando gastos operacionales, así que le pidieron que se retire; después de todo, lleva más de 30 años con la empresa.

Cuando le pregunté si le gustaba su trabajo, me dijo: "No, lo detesto. Mi jefe es un idiota. Las asistentes son unas incompetentes. Cometen errores frecuentemente. Los nuevos empleados, son jovencitos que llegan fresquecitos de la universidad y se creen que se lo saben todo. Tú sabes, como éramos cuando empezamos". Mientras hablaba, pienso que yo no me creía que me lo sabía todo, sabía mucho, pero no era arrogante cuando tenía veintipico de años. Entre queja y queja, no me dan oportunidad a comentar y, en realidad, no quiero comentar.

Le pregunto: "Bueno, y si no te gusta el trabajo, ¿por qué quieres quedarte?". Entonces vino otra descarga: *"Para JODER, YOmevoycuandoYOmequierair NOcuandoellosdiganademáslaqueSABEhacerlascosasbienSoyYO, sinMÍnopodránsaliraflote mijefelleva haciéndome LA VIDA IMPOSIBLEperoYOoselavoyahacerPEORaÉL YAvasaVERr".*

Cada vez me siento más confundida y sorprendida de lo que estoy escuchando. Vuelvo y pregunto: "¿Por qué te quieres quedar?, ¿no ves que estás descontrolada?, ¿no ves que estás de mal humor?, ¿tú sabes que ese humor te hace daño? Te causa enfermedades. ¿Por qué no miras a ver qué te gustaría hacer con tu vida? Eres joven, tienes apenas 51 años y puedes decidir sin presión alguna qué te hace feliz en este momento. ¿No te das cuenta que el Universo o Papá Dios, como tú lo quieras llamar, te está ayudando a ser feliz? ¡Y tú estás enfocada en llevar la contraria, en pelear! ¿No te das cuenta?".

"Es que el que la hace, la paga. Y esta gente, después que yo he dejado el pellejo en este trabajo, ahora quiere sacarme como si nada. Y eso no puede ser. Yo creo en la justicia divina y esta gente se va a joder. Yo me voy a encargar", me contestó.

Decidí irme lo más rápido posible. *¿Justicia Divina? Así no trabaja la Justicia Divina*, pensaba. Se supone que envíes amor a cualquier situación adversa para que lo que salga hacia ti sea amor. Es el efecto del bumerán. Es el efecto de que cosechas lo que siembras. Si estás enviando resentimiento, coraje, odio, espéralo, que eso mismo recibirás.

Si estás enviando resentimiento, coraje, odio, espéralo, que eso mismo recibirás.

Pensé: *No te sorprenda que te quieran sacar. Llevas sembrando antagonismo y envidia, ahora puedes sentarte tranquila y recolectar tu cosecha llena de complicaciones. ¿Qué pretendías, que iba a venir tu hada madrina a ponerte el traje bonito y conseguirte al príncipe azul que matará al dragón de tu jefe?* El Dalai Lama nos sugiere ser compasivos, sobre todo, con el enemigo. Ser compasivos con la persona que queremos es fácil. Ser compasivos con el enemigo, eso es otra cosa.

Ser compasivos con la persona que queremos es fácil. Ser compasivos con el enemigo, eso es otra cosa.

Lo intenté una vez más antes de irme: "Chica piénsalo bien. Si te quieres ir de tu trabajo, aprovecha, negocia una salida. Pídele a tu Dios, a tus ángeles que te ayuden para que en esa negociación todo salga según tú lo deseas. Así podrás salir de este trabajo que no te gusta y comenzar a hacer algo que sí te guste". Pero me contestaba: "¿Tú qué sabes? Tú tienes tu trabajo corporativo y todo te sale bien. Tú ganas mucho dinero y lo tienes todo. Tú no sabes lo que es trabajar con tantos envidiosos. Yo tengo que pelearlos. ¡Y los voy a pelear y les voy a enseñar! Se creen que porque soy mujer y mayor que ellos, estoy caducada. Ya verás. Hasta que yo no gane esta pelea, no me voy, no importa cuántas ganas tenga de irme. Déjame a mí, que yo sé lo que estoy haciendo". Por dentro estoy a carcajadas pues a esta mujer parece que se le olvida que yo, que soy mayor que ella, he trabajado tanto o más que ella y después de 29 años en el mundo laboral, quedé fuera.

Vidas paralelas

Como ya se han enterado, estudié ingeniería. Los primeros cinco años después de haberme graduado, los pasé trabajando en California. Durante ese tiempo, comencé una costumbre inconsciente de aprender a vivir "vidas paralelas". De día trabajaba responsablemente y hacía ejercicios disciplinadamente; de noche y durante los fines de semana, "maximizaba" mi participación en una vida de fiesta. Aunque me iba todo un fin de semana a acampar o a esquiar en nieve o a bucear, también podía estar desde el viernes en la noche en una fiesta que fácilmente duraba hasta el domingo en la mañana.

Cuando en la década de los ochenta, cortaron el presupuesto de la defensa de los EEUU, comenzaron a reducir personal en todas las empresas de esa industria. Así que era cuestión de tiempo que me tocara a mí. Tenía unos ahorros y pensaba que podía regresar a Puerto Rico o irme a aventurar a Australia. ¿Por qué Australia? No sé, tal vez porque nunca había estado por esa parte del planeta, porque había conocido algunas personas de ese continente que eran muy interesantes y porque me parecía una buena idea. No tenía nada que me atara a California, así que, ¿por qué no? Mi padre siempre me dijo que aprovechara y viajara mientras estuviera soltera. Esta era la oportunidad. Aunque no creo que se refiriese a irme al otro lado del planeta.

Les comenté a mis padres lo que estaba pensando hacer. Les dije que si me quedaba sin trabajo, pensaba irme a aventurar. En muy poco tiempo papi me consiguió una entrevista en Puerto Rico, con un amigo de él, muy importante en el mundo de los negocios, era el presidente de la Cámara de Comercio. Así que cuando vine de vacaciones a Puerto Rico durante las Navidades, me entrevistó. Estaba buscando un trabajo técnico, digno de una ingeniera, eso de las ventas no me gustaba, me parecía trivial.

Esta entrevista con el presidente de la Cámara de Comercio, me llevó a otra entrevista con unos hermanos que recién comenzaban su propia compañía. Se suponía que eran personas con un gran potencial, pues ambos venían de la empresa más reconocida en el mundo tecnológico de aquella época y uno de los dos había sido el gerente general. En muy poco tiempo me ofrecieron un trabajo. Era un trabajo en ventas, pues buscaban a alguien con conocimientos técnicos. Sin embargo, para llegar a ganarme lo que ingresaba en California, tenía que sumarle las comisiones, de lo contrario, el salario que me ofrecían no llegaba a la cifra que esperaba.

Ahora sí que tenía que tomar una decisión. ¿Me iba a Australia a aventurar, sin conocer a nadie y sin trabajo? ¿Regresaba a Puerto Rico, un lugar seguro para mí, a trabajar en ventas, que no era lo que yo buscaba? ¿Me quedaba en California a esperar que la suerte decidiera cuándo sería escogida para irme de la empresa por falta de fondos federales? Mi desempeño era excelente y las evaluaciones que me habían hecho hasta el momento también lo eran. Pero si cancelaban el programa para la Fuerza Aérea, nos quedaríamos sin proyecto. Es decir, era cuestión de tiempo, no falta de rendimiento o compromiso.

Así que mi mamá, sabiendo lo mucho que me gusta el mar, me recomendó irme en un velero para tomar la decisión; y como el Universo confabula a tu favor, cuando así lo quieres, una amiga me invitó a salir en el velero de su primo. Nos fuimos durante cuatro días, en travesía desde Fajardo, Puerto Rico hasta Saint Thomas, Islas Vírgenes.

La brisa tropical continuamente acariciándote, el sol haciéndose presente hasta picar, el agua bailando con el bote, jugando a ver quién agarra a quién. No hay un solo ruido, pero hay tanto que escuchar. Tus seres, tus ángeles, tu Ser Divino, tu Yo Interior, tu alma, tu Dios, te quieren hablar y, por fin, estás escuchando.

Estás en contacto directo con los elementos y contigo misma. Una manada de delfines aparece. Les encanta jugar con el velero a ver quién puede ir más rápido. Se cruzan de un lado del bote hacia el otro continuamente. Sé que vienen a dejarme saber que tomaré la decisión correcta y, aun más importante, que en el proceso debo divertirme. Me doy cuenta de que es verdad, tengo que reír, ser alegre y divertirme. Es mucho más fácil tomar una decisión cuando estás alegre. Sonrío y doy gracias. No tengo idea de cuál será mi decisión, pero sí sé que estoy en el lugar correcto. Me voy a divertir como los delfines me invitan a hacerlo.

El mar te limpia, tienes tiempo de llorar y limpiar otros tóxicos que están muy dentro de ti. Esos que ni sabes que tienes, esos que escondiste para dejar de sufrir, porque la vida continúa, pero que siguen ocupando espacio; espacio que hay que liberar para ser aún más feliz. Sin razón alguna, comienzo a llorar. No sé qué quiero, no sé dónde debo de estar. Tengo tantas amistades buenas en California, personas que en muy pocos años se han convertido en mi familia. Pero tengo a mi familia en Puerto Rico y estoy segura de que desean verme más a menudo que una vez al año. ¿Y por qué no me atrevo a irme a Australia? Hace rato que los delfines se fueron y sigo sola en la parte de al frente del velero. Sigo escuchando a mi ser interior, sigo en contacto con la Naturaleza. A lo lejos, oigo a mis amigos en la cabina, haciendo cuentos, bebiendo, riendo. Necesito estar sola, hacer esta introspección, entender cuál puerta permanecerá abierta y cuáles se cerrarán.

Mientras estoy mirando este bello mar del Caribe, una pequeña mancha se asoma. Era una bella tortuga. Se desliza lentamente por el agua con su gracia… y esa paz. Está libre de estrés y no parece tenerle miedo a nada. Tan diferente a los delfines, la tortuga viene a dejarme saber que tengo que coger las cosas con calma. ¿Cuál es la prisa de tomar una decisión? Primero tengo que sanar. Primero tengo que llorar y limpiar. Primero tengo que tomar un tiempo para mí. ¿Cuánto tiempo llevaba pensando en el diario vivir? ¿Cuánto tiempo llevaba en una rutina?

Tomé mi tiempo y me divertí. Pasé cuatro días maravillosos, lloré, limpié y abrí el espacio necesario para mi nuevo futuro. Confié en el Universo, estuve pendiente a las señales y escuché. Escuché dentro y fuera de mí. Después de varias horas a solas, me uní a mis amigos. ¡Qué bien lo pasamos! No sé en qué momento pasó, lo importante fue que de repente, como por arte de magia, ya sabía lo que tenía que hacer. Iba a regresar a Puerto Rico. Me sentía tranquila. Era un sentimiento que llegó sutilmente.

Mi partida de California fue dolorosa, dejé a muy buenas amistades. Regresar fue fácil, pero el acostumbrarme a Puerto Rico y al estilo de vida, no lo fue. Salir a almorzar y encontrar que la mayoría de las opciones era comida frita; esperar más de la cuenta para que te atiendan; y los procesos burocráticos del gobierno… todo era un reto. ¡Pero qué mucho se goza! Donde quiera había un "bembé". Todos en Puerto Rico son tan alegres y familiares. ¡Qué muchos lugares bellos y preciosos existen! Eso siempre me ha gustado de esta isla, mi Isla.

Comencé mi trabajo con los hermanos y pasé de trabajar en una empresa global, donde éramos 10,000 empleados en mi división, a una empresa familiar de 26 empleados. Rápidamente crecimos, éramos como una gran familia. Íbamos de *happy hour* todos los días. Las mejores reuniones se hacían a esa hora; podíamos hablar de todo lo que había pasado durante el día y planificar estrategias para el futuro. ¡Qué mejor alimento para la creatividad que un buen *happy hour*, haciendo chistes y riendo por varias horas! Fueron excelentes años para mí.

Pocos meses después de comenzar en esta pequeña empresa, llegó a trabajar con nosotros quien actualmente es mi exmarido. Me tocó adiestrarlo. En pocos meses, comenzamos a compartir más y más, hasta que acabamos juntos como pareja.

Hubo algo que me tomó mucho tiempo entender o acostumbrarme. Había comenzado mi carrera en una empresa altamente monitoreada por procesos internos y por la Fuerza Aérea. Estaba acostumbrada a seguir procedimientos, a investigar y mostrar resultados con hechos. Había trabajado en un programa altamente clasificado, *(top secret)* en el que la integridad y ética profesional eran indispensables. Ahora estaba en Puerto Rico, donde la reunión de las 9:00 a.m. podía comenzar a las 10:00 a.m., sin problema alguno y cinco minutos más tarde, todos se iban de *break*. Ahora me tenía que acostumbrar a que el director de Informática hablara de cómo aprendió a decir "te quiero" en lenguaje de señas, en vez de hablar de tecnología y cómo hacer sus procesos más eficientes. Fui aprendiendo a vender conceptos y a hacerme amiga de la gente. Fui aprendiendo que tener un buen producto no es lo que vende en Puerto Rico, pero tener un amigo en cada esquina sí. Me fui adaptando a la idiosincrasia de mi querida Isla.

El tiempo pasó, me casé, me divorcié y continué trabajando en esta industria de tecnología. Para la época del divorcio, poco después del año 2,000, fue cuando comencé a meditar. Todo empezó a cambiar drásticamente. Aunque no me había acostumbrado, sí me había adaptado a vender al estilo de Puerto Rico. A la misma vez, por la meditación estaba ahora en contacto con mis sentimientos y mis valores. Vinieron muchos cambios repentinos y todos a la vez.

Al separarnos, mi exmarido y yo llevábamos cerca de 17 años trabajando en la misma oficina. Créanlo o no, estuvimos trabajando juntos durante las vistas del divorcio, que fueron muchas. Mientras esperábamos a que se viera nuestro caso en corte, nos sentábamos juntos a hablar del negocio que yo estaba cerrando. Él me traía el contrato al tribunal y yo me lo llevaba para la firma del cliente. Supe separar el trabajo de la vida personal. Una vez divorciada, pensé que si ya estaba divorciada de noche, lo mejor era divorciarme de día también. Así que busqué otro empleo.

Fue muy fácil conseguir trabajo, pues ya me conocían en el ambiente. Me había convertido en tremenda vendedora y tenía la mejor reputación. Me imagino que cuando uno hace algo con integridad, el cliente distingue que eres genuina y las metas se cumplen fácilmente.

Comencé a trabajar en una corporación multinacional en Puerto Rico y también comenzó una nueva etapa en mi vida laboral. Después de haber estado casi veinte años trabajando en empresas pequeñas, volví al ambiente de una empresa global, donde la dinámica es muy diferente, desde la política interna hasta la interacción entre tantos latinos tratando de alcanzar el mismo puesto. Me explico, en las empresas globales, usualmente el planeta se divide por regiones, la de Latinoamérica, la de Asia/Pacífico, la de Europa, la de América del Norte, etc. En la de Latinoamérica, aprendes que el machismo es la orden del día. Si crees que en Puerto Rico son machistas, no quieres ver cómo son en el resto de los países de esta región. Sin ánimo de ofender a nadie, te topas con un grupo de dizque profesionales que lo que están es con el cuchillo en la boca, buscando la primera oportunidad para apuñalar a su compañero, subir de puesto y escoger a su próxima víctima. Solo hay un puesto de jefe y cientos de personas lo quieren. Tan pronto uno sube al puesto deseado, empiezan los cambios masivos y el nuevo jefe a poner a sus amigos en puestos estratégicos. Esos reinados duran pocos años, y luego viene otro ciclo. El que aprende a ser hipócrita y a jugar bajo estas reglas, le puede ir de maravillas. El que está por ayudar a su cliente y hacer un trabajo de excelencia, no durará mucho en la empresa. Ni siquiera los vas a ver venir: los tiburones te comerán sin que sepas cuál de todos fue.

A los tres meses de haber comenzado en esta multinacional, alguien en la oficina corporativa decidió eliminar el puesto que yo ocupaba. Nada en contra mía, simplemente que el puesto ya no existía en toda la región. ¡Así que me iba a quedar sin trabajo así porque sí, tres meses después de haber comenzado! Me cuestioné si nadie sabía a la hora de contratarme que el puesto lo iban a eliminar tres meses más tarde. Había otro puesto vacante en la oficina y tuve que entrevistarme y competir contra otros candidatos para el mismo. Me lo dieron y al cabo de unos meses, fui parte del equipo que cerró el negocio más grande de la oficina de Puerto Rico. La empresa me comunicó que no era justo que yo ganara tanto dinero de comisión por este negocio. Luego de esta "declaración de amor", tuve que renegociar mi comisión aunque estuviera previamente estipulada por contrato.

Demás está decir que ante estas situaciones, en las cuales, en menos de un año, por poco me quedo sin trabajo y luego no me querían pagar mis comisiones, comencé a buscar otro empleo. Esta relación estaba peor que la del matrimonio del cual recién había salido.

¿Y eso es bueno?

Pasaron los años y trabajé con varias empresas globales, todas en Puerto Rico, todas con el grupo de latinoamericanos, cada cual con su cuchillo afilado. Entonces sí que fue interesante. Compartiré varias anécdotas sin especificar la empresa. Estoy segura de que no les interesa que se sepa lo obvio. Recuerdo el día, un viernes, que un vicepresidente me acompañó a visitar a un cliente. Cuando nos íbamos, luego de haber visitado al vicepresidente ejecutivo de la empresa, uno de los empleados se nos acercó y me dijo que la aplicación de compras se había dañado, que no me preocupara que para el lunes tendría mi orden de compras lista. El problema no tenía nada que ver conmigo ni con mi empresa, así que estaba tranquila. Tan pronto el muchacho se fue, el vicepresidente de mi empresa, se viró y a una distancia de cuatro pulgadas de mi cara me dijo muy pausado y enfático: "No permitiré que falles una vez más". *¿Cómo?, pensé, ¿Que falle?, ¿de qué hablas?, ¿ahora soy responsable de que la aplicación de un tercero se dañe? Esto sí que es grande.*

En otra ocasión, habíamos cerrado uno de los contratos más grandes de la historia. Gigantesco. Como resultado de este esfuerzo, muchos ganamos premios y exposición a nivel mundial dentro de la empresa. El encargado de la región sabía que yo era un excelente recurso para tener a su lado, pues lo iba a hacer lucir bien. Lo mío era hacer lo correcto y que mi cliente estuviera contento. Por eso vendía tanto. Este jefe movió cielo y tierra y consiguió que me favorecieran dentro de la estructura política. Me dieron una promoción. Fui testigo de cómo esta persona pudo mover las fichas fuera del reglamento. Me asusté y le dije: "Espero nunca estar en tu lado negativo. He visto lo que puedes hacer para ayudarme, no quisiera ver lo que puedes hacer para fastidiarme".

Y así, presencié suficientes experiencias para darme cuenta, como dije al principio de este capítulo, que estaba viviendo vidas paralelas. Por las mañanas después de meditar, después de escribir en mi diario, después de estirar y de desayunar, tan pronto salía por la puerta para irme a trabajar, me convertía en esta persona maquiavélica. Podía definir y establecer cualquier plan de ataque para lograr que todas las partes relacionadas a la aprobación de un proyecto, por parte de un cliente, trabajaran de acuerdo a nuestro plan. Muchas veces, como en casi todos lados, los egos no permiten que las personas colaboren a favor de una meta común. Todos quieren llevarse el crédito y prefieren tumbar el proyecto si otro es quien se llevará el crédito. Así que yo era experta en hacer que todos colaboraran a pesar de que no se llevaban bien con otros de su misma empresa o agencia gubernamental.

A nivel de mis compañeros, siempre nos llevamos bien, pues lo mío es trabajar en equipo; lo mío es hacer que todos ganen. Pero a la hora de trabajar con jefes, no me iba tan bien. Pues a los jefes se les hace muy fácil decir que lo que hace falta es X y a la semana decir que nunca estuvo a favor de X. ¿Cómo desmientes a un jefe frente al jefe de tu jefe?

Según pasaba el tiempo se me hacía cada vez más difícil sentirme a gusto. Como les dije, empezaba mi día meditando, durante el día me convertía en alguien quien no era, y por la noche, volvía a mi lado holístico y espiritual. Como bien aprendí con mi *coach* de *Heal Your Life*, Ma Prem Bhama, y con el Instituto Monroe, hay que decretar lo que quieres como si ya lo tuvieras. Hay que sentir qué se siente tener eso que deseas. Vívelo, visualízalo, siéntelo. Es como dice el inspirador y autor, Mike Dooley, cuando quieres ir a un lugar y no sabes llegar, usas un GPS. Le pones tu destino y en ningún momento te preocupas cuál es la ruta más apropiada para llegar a él. Confías en el GPS. De la misma manera es tu vida. El Universo es el GPS. Define bien tu intención y deja que el Universo se encargue de escoger la mejor manera o ruta de llegar ahí.

Pedía al Universo tener el espacio, tiempo y estructura para dedicarme a ser quien me gusta ser: una persona real, ayudar a quien se quiere ayudar, compartir amor y alegrías, y ver el fruto de mi esfuerzo. Todos estos años había estado ayudando a muchas personas del mundo corporativo y del gobierno, pero no creo que de verdad querían la ayuda, no creo que de verdad querían mejorar. Si aceptaban hacer un proyecto era porque la gerencia o el jefe de agencia se los exigía. En el caso del gobierno, los proyectos los aprobaban considerando los votos que iban a generar y no en el bienestar que traería al ciudadano. Así de sencillo. No me mal entiendan, en las corporaciones privadas al igual que en los gobiernos que atendí, encontré muchas personas buenas y capacitadas que considero mis amigos; y si me llaman, iré a ayudarlos. Es simplemente que hay una mole, una burocracia, una falsedad que puede más que todos y los absorbe.

Por eso pedía algo diferente. Llevaba años escribiendo en mi diario, todos los días, sobre los diferentes temas que fueran de mi interés, las áreas que quería trabajar y mejorar en mi vida. Mi enfoque no era decir qué quería o cómo llegar allí. Mi enfoque era decir cómo me sentía ahora que disfrutaba de mi nueva vida y dar gracias por lo que llegaba a mí. Escribía el agradecimiento que sentía al estar económicamente independiente, ahora que el dinero llega a mí fácil y rápidamente. Escribía sobre lo bien que me sentía al trabajar con personas que quieren un cambio positivo. Escribía sobre lo contenta que estaba al estar en perfecta salud, al sentir amor, al tener tiempo para disfrutar de mis seres queridos, etc. No sabía cómo el dinero iba a llegar rápido y fácil, pero recuerden que el Universo es mi GPS. No me tocaba a mí descifrar la ruta.

Mientras tanto, en mi vida personal, ya había tomado cursos en hipnosis, kinesiología, reiki, sanación pránica, alambraje, *Brain Gym*, registros akáshicos, había estado en tres seminarios diferentes en el Instituto Monroe en Virginia, había participado de seminarios con Deepak Chopra, Brian Weiss, Louise Hay y otros. Y aunque no era mi meta, seguía aprendiendo de nutrición y de toda modalidad que me ayudara a ser una mejor persona. Todo lo que hacía, lo hacía para mi crecimiento personal.

¿Cuál es la diferencia?

Pasó el tiempo desde que empecé a escribir sobre el dinero, digamos un año, y como por arte de magia, hubo una reorganización en la empresa y quedé fuera. Me dolió mucho por un día, pues confieso que el ego mío no podía creer que la persona que se había ganado el premio de solidaridad, dos veces corridas, estaba fuera de la noche a la mañana. Entonces me puse a pensar y me di cuenta: esa fue la bendición, ese fue el Universo en acción. De momento me quedé con todo el tiempo del mundo, con un buen paquete de compensación y tenía todas las certificaciones habidas y por haber para dedicarme a ayudar a otras personas. Es decir, el dinero llegó rápido y fácilmente. Ahora podía dedicarme a mi nueva vida. ¿Y cuál era esa? Ni idea. No perdí la calma. A mí todo me sale bien. Como durante toda mi vida, todo lo malo se convierte en bueno, tenía que confiar.

Como durante toda mi vida, todo lo malo se convierte en bueno, tenía que confiar.

En ese primer día de quedarme en casa sin tener que ir a una oficina, escribí varios correos electrónicos para dejarles saber a mis clientes y amistades de la industria, que de necesitarme, estaba por mi cuenta. Hablé con un buen amigo y me preguntó: "¿Y por qué no te certificas en sanación pránica? Ya tienes todos los cursos y requisitos". Lo pensé y rápidamente dije, *¡buena idea!*

Al otro día fui a solicitarle a mi doctora que me mandara a hacer todos los exámenes médicos habidos y por haber, antes de que el plan caducara. Ella me miró y me dijo: "Hoy me trajeron este enlace a un sitio en Internet para que yo lo evaluara, pero me parece que quien debe evaluar esto eres tú". Me dio el enlace y luego que me fui del consultorio lo busqué, llamé y en cuestión de minutos, ya me había matriculado en un Instituto en los EEUU, reconocido como el mejor para ser *coach* de salud. Luego hablé con una amiga y me dijo: "¿Qué te detiene en Puerto Rico?". No podía contestar. No había nada que me atara. Me fui por mes y medio a cambiar de ambiente y pensar. Sin darme cuenta, fui vivo ejemplo del poder de la manifestación.

> *Sin darme cuenta, fui vivo ejemplo del poder de la manifestación.*

Ahora estaba en proceso de certificarme como sanadora pránica y como *coach* de salud. Lo mejor era que el ambiente de donde tanto quería salirme fue quien me pagó todo. Estuve mes y medio en Arizona, estado donde se encuentra uno de los vórtices del planeta. Me fui *hiking* y a meditar acompañada de mi mejor amigo, mi pareja. Pasamos un tiempo maravilloso, en conexión con el planeta, disfrutando, preparándome para mi nueva vida y dando gracias por lo maravillosamente que el Universo confabuló a mi favor. Todos los días sacaba tiempo para tranquilamente cerrar los ojos y visualizar mi nueva vida, la que yo había diseñado sin darme cuenta. Ahora iba a trabajar con personas que desearan mejorar sus estilos de vida. Ahora iba a ser canal de sanación. Ahora me podía levantar tranquilamente sin el estrés de salir corriendo a reunirme con un grupo de personas con cuchillos y sables, listo para cortarle la cabeza al que se distrajera.

Una de las mejores ideas que tuve la misma semana que me liberaron del trabajo corporativo fue explicarle a mi pareja cómo yo visualizaba mi sitio web, uno que no existía, donde profesionales podían colaborar por el bienestar de todos. Veía cómo usaba animales para representar las áreas de trabajo que cada individuo quería trabajar. Así nació www.bienestarintegrado. com. En unos meses fui explicando el concepto a varias amistades, de diferentes profesiones, y todas querían ser parte del concepto. ¿Y por qué no? ¡Si es para colaborar por el bienestar de todos! ¡Todos ganamos!

Fue tan maravilloso, que dentro del paquete de compensación que me dieron en mi último día de trabajo, incluyeron una *coach* para ayudarme a conseguir trabajo. En mi primera reunión le dije a la *coach* Nerma Albertorio, que no quería otro trabajo como el que había tenido, pues la hora de un cambio radical había llegado. Le dije que iba a hacer algo nuevo, que no estaba segura qué, pero que iba a ser completamente diferente, ya que estaría ayudando a la gente que quisiera la ayuda. Le dije que me iba por mes y medio fuera de P.R. a pensar y reinventarme. Cuando regresé, le expliqué el concepto de la página web a mi *coach*. Ella me dio ese empujón que necesitaba para nadar. Lo tenía todo listo, pero no me atrevía a tirarme a la piscina. Mi *coach* de trabajo me ayudó y ¿saben qué?, fue mi primera clienta. Así trabaja el Universo, si se lo permites, si te lo permites.

No puedo pensar en mejor ejemplo de cómo

Si muchas personas están pensando en tu desgracia, mayor es la energía negativa que se crea y que se enfoca en ti, en tu ser. Si, por el contrario, se concentran en tu pronta sanación o éxito, ayudan a crear un mejor destino para ti.

algo desastroso fue lo mejor que me pudo pasar. En ningún momento pensé *¿y cómo voy a pagar la hipoteca?* En ningún momento me asusté por el qué dirán cuando la gente se entere de que ya no tengo un trabajo importante. En ningún momento me cogí pena. A quien me preguntara, le decía que todo iba de maravilla. Entiende: si los demás piensan que todo está de maravilla, esa es la energía que ayudan a proyectar. Si les digo la tragedia y la injusticia que me pasó, rápidamente lo contarán, pues tienen el último capítulo de la novela y ahora sí que la energía que proyectarán aún más rápido será la del desastre. Por eso rezar y meditar tienen tanto impacto y realizan milagros. Mientras más personas con fe, con convicción, creen, rezan y meditan, mejor es el efecto. Si muchas personas están pensando en tu desgracia, mayor es la energía negativa que se crea y que se enfoca en ti, en tu ser. Si, por el contrario, se concentran en tu pronta sanación o éxito, ayudan a crear un mejor destino para ti. Por eso nos unimos en meditación u oración por la paz en el planeta.

Todo lo que escribí en mi diario, todo, se hizo realidad. Estoy en salud y no tomo ni un solo medicamento. Si me da algún catarro, lo sano mediante sanación pránica y tomo té de maguey hecho por mí. Voy a mi quiropráctica, quien me ajusta para que la energía fluya por todo el cuerpo. Como saludable porque me gusta y porque como *coach* de salud entiendo lo que mi cuerpo necesita, lo cual es diferente a lo que necesita el cuerpo de otra persona. Hago ejercicio porque tengo el tiempo de hacerlo y porque me hace sentir mejor. El dinero sigue llegando a mí rápido y fácilmente. Entonces, me tengo que reír -sin burla- cuando pienso en mi amiga que al día de hoy sigue peleando porque la dejen trabajando donde no quiere estar, simplemente por llevar la contraria.

> *Como saludable porque me gusta y porque como coach de salud entiendo lo que mi cuerpo necesita, lo cual es diferente a lo que necesita el cuerpo de otra persona.*

Los eventos siguen llegando porque el Universo entiende que así debe ser. Sigo escribiendo, meditando y visualizando, y los deseos siguen manifestándose. Llevaba más de siete años con ganas de escribir un libro, que lo tengo escrito, pero no conseguía una editora. Como por arte de magia, me llegó un mensaje por Facebook, red que apenas miraba, que anunciaba un taller de cómo escribir un libro. Demás está decir que fui, pues aquí estás leyendo el resultado de ese taller. A mi vida llegaron tres angelitas más, Anita Paniagua, Mariangely Núñez Fidalgo y Amanda Jusino. Recibí la orientación adecuada para organizar, estructurar, editar y presentar gráficamente mi concepto. Ahora tengo un libro o herramienta que te puede ayudar a ser feliz. Ahora puedo dar charlas y talleres, que era una de mis metas profesionales. Una vez

Dios te pone la ficha en el tablero, cómo la quieres jugar y si la quieres jugar, es tu decisión.

más te recuerdo, yo no sabía que estas tres mujeres profesionales existían. Dos de las tres fueron al mismo taller que dio mi *coach* de *Heal Your Life*, Ma Prem Bhama. Y como estaba alerta, presté atención cuando se presentaron y dijeron a lo que se dedicaban. Hoy en día estoy muy pendiente, no hay casualidades. Dios te pone la ficha en el tablero, cómo la quieres jugar y si la quieres jugar, es tu decisión.

Doy gracias por todo lo malo que he vivido porque estas han sido mis lecciones, que me han llevado a vivir una vida llena de armonía, amor, salud, bienestar, paz, alegrías, abundancia, prosperidad y éxito, y a ser una mejor persona cada día. Todas las mañanas, cuando me despierto, doy gracias porque estoy viva. Y antes de salir de la cama, me sonrío y pienso y manifiesto, hoy ES un gran día. No va a ser un gran día, porque ya lo ES. Me detengo y pienso en cómo será mi día, qué cosas quiero hacer y lograr. Escojo tres cosas de manera que las pueda completar satisfactoriamente. Si me exijo mucho, me expongo al fracaso. Si me exijo tres metas, las completo y me siento realizada otra vez. Cada noche, al acostarme doy gracias por el día, repaso los sucesos y si hay algo que analizar, que no entiendo, le pido a mis ángeles y seres de luz que me ayuden a entender. Durante las horas de sueño, muchas de estas preguntas son contestadas.

Te invito a que te unas a mí y que de ahora en adelante, cuando te escuches quejándote, o estés en una situación de posible adversidad, haz un alto y piensa: *¿Cuál es la lección dentro de todo esto?*, *¿qué debo de atender?* Date tiempo y busca la contestación, pues hay una lección, te lo aseguro. Entonces, da gracias por la oportunidad de aprender y de mejorar. Da gracias porque todo lo malo es bueno, has evolucionado a un ser maravilloso. Te felicito.

Reflexión de Evolución Financiera

Te invito a considerar lo que de verdad deseas.

¿Sientes que es más el dinero que se va, que el dinero que entra a tu vida? ___Sí ___No

Explica:

_____

_____

_____

¿Sientes que el dinero no llega con la frecuencia que necesitas? ___ Sí ___No

Explica:

_____

_____

_____

¿Has intentado crear un negocio propio?

___ Sí ___No

Explica:

_____

_____

_____

¿Deseas crear un negocio propio?

___ Sí ___No

Explica:

_____

_____

_____

¿Qué es éxito financiero para ti?

Explica:

_____

_____

_____

¿Crees que mereces ser próspero? ___ Sí ___No

Explica

_____

_____

_____

Evolución de la evolución

ste proceso evolutivo de la vida es una oportunidad que todos tenemos para hacer con ella lo que deseemos. Si es cierto que algunas movidas no las controlamos, otras son totalmente nuestras. Como en un juego de ajedrez, Dios o el Universo hace su jugada y ahora te toca a ti escoger, dentro de las opciones que tienes, cuál ficha vas a mover, cuánto tiempo te vas a tardar en mover la ficha. ¿Estás tomando el juego en serio?

Por otro lado, está el factor energía. La energía sigue al pensamiento. Si tus pensamientos son de alegría y prosperidad, eso es lo que atraerás. Si son de tristeza y carencia, ¿adivina qué? Eso es lo que tendrás.

Si tus pensamientos son de alegría y prosperidad, eso es lo que atraerás. Si son de tristeza y carencia, ¿adivina qué? Eso es lo que tendrás.

En este proceso gradual de tu evolución, tú eres quien decides si optas por un camino pacífico o de conflicto, tú decides si quieres un camino de desarrollo o de destrucción, uno lleno de amor o de odio, vivir en el presente o en el pasado y, finalmente, si quieres un destino de alegría y esperanza o quieres uno de temor e incertidumbre. Es tu decisión. Tú tienes la libertad de decidir. Las oportunidades están, escucha, mira, huele, siente y saboréalas. Este camino puede ser y es agradable. ¿Que a veces hay pruebas que tomar? Sí, hay pruebas y se pueden pasar también.

Nunca he vivido una guerra, nunca he estado en la cárcel, no he visto a nadie matar a nadie, no sé lo que es estar en medio de un terremoto o quedarme sin techo para dormir. Doy gracias a mi Dios por no haber conocido ninguna de estas experiencias. Sin embargo, he vivido otras, como las que te he compartido en este libro, que no se las deseo a nadie y pudieron haber sido peor si yo me hubiera enfocado en el problema. No las quería y por alguna razón pasaron. Esa introspección la hice y hoy soy mucho más feliz que ayer. Doy gracias porque, en mi caso, todo lo malo es bueno.

Todo está en ti y en el apoyo que recibes de tus seres queridos. Durante todo este libro me he enfocado en ti. Ahora te pregunto, ¿estás consciente de cómo impactas a los que están a tu alrededor?, ¿sabes cuál es el ejemplo que das?, ¿crees que tus hijos, hermanos, amigos te siguen por el ejemplo positivo y enseñanza que les brindas?, ¿quieres que tus hijos aprendan a comportarse como tú, quieres que te imiten?, ¿o crees que te siguen porque la miseria adora compañía y tú ayudas a nutrir el estancamiento? Te invito a que hagas un alto en la lectura y reflexiones sobre estas preguntas.

Es como el alcohólico que le gusta ir a una barra a estar con sus amigos, los alcohólicos. Todos están en las mismas, por lo tanto están bien. ¿Y qué pasa cuando uno decide romper para mejorar su futuro?, ¿qué pasa cuando se va y al tiempo regresa a saludar a sus supuestos amigos? No lo tratan bien, por haberlos abandonado. Es muy raro ver que se entusiasmen y decidan imitarle para dejar los largos almuerzos en la barra. Parece que es más fácil seguir alimentando el problema que enfrentarlo. Pero no lo es, a la larga, no lo es. Rompe el vicio, deja la excusa atrás. ¡Tú puedes! ¡Tú mereces ser feliz!

Parece que es más fácil seguir alimentando el problema que enfrentarlo. Pero no lo es, a la larga, no lo es.

En cada capítulo te hice preguntas para que reflexionaras. Ahora te pido que revises las preguntas y tus respuestas para que pases al último capítulo donde, de acuerdo a tus contestaciones, te ayudaré a hacer tu plan para que tú también puedas decir: "Todo lo malo es bueno y a mí todo me sale bien".

Plan de Evolución

Este plan tiene varias áreas que mirar, como un menú en un buen restaurante. Como en una cena completa, debes pedir un aperitivo, un plato de primera, un sorbete para limpiar el paladar, un plato principal y luego un postre. Escoge algo de cada sección e incorpóralo a tu vida, preferiblemente poco a poco, pues cuando te sientas a cenar, no te sirven todos los platos a la vez. Comes uno a uno, despacio, dándote cuenta de lo que tienes, apreciándolo y saboreando la mezcla de sabores. De la misma manera, te exhorto a que vayas "saboreando" estos ejercicios, que vayas viendo cómo los asimilas y que identifiques qué efectos tienen en tu vida. Adopta los que te llamen la atención. Prueba a ver si te gusta. Si luego de varios bocados no te gusta el ejercicio, entonces descártalo por ahora y prueba otro. Deja pasar el tiempo y vuelve a probar. Cuando estés lista(o), de momento sabrá rico, se sentirá bien.

La idea o el objetivo de estos ejercicios es que los incorpores y formen parte de tu diario vivir. Así como te bañas y te lavas los dientes todos los días, de manera automática, cuando vas incorporando paulatinamente estos ejercicios, en vez de ser un fastidio, como lo es una dieta, se convierten en parte de tu vida, algo que cuando lo completas dices, "que bien se sintió". Es importante que entiendas el enfoque. No recomiendo que te pongas en modalidad de dieta *(diet mode)*, en la cual "empezando mañana voy a hacer ejercicios, voy a dejar de comer pan, voy a dejar de comer arroz, voy a dejar de comer dulces, etc.", y al cabo de una, o como mucho, dos semanas, ya te comiste una lasaña con un tres leches. Y entonces te sientes culpable y te tiras al desperdicio comiendo y dejando las prácticas que duraron pocos días. ¿Por qué no funcionó? Porque era un sacrificio, porque eran muchos sacrificios a la vez y no un cambio de estilo de vida. Recuerda, cuando los cambios son uno o dos a la vez, es más fácil incorporarlos y convertirlos en tu estilo de vida, realambrando tu cerebro. Además, hay algo muy importante que debes investigar: ¿Por qué recurres a la comida cuando hay problemas o cuando estás feliz?, ¿o por qué recurres a encerrarte ante el estrés en tu vida?

Ahora es el momento, revisa tus contestaciones a las reflexiones al final de cada capítulo, ya que es importante que tengas presente lo que contestaste en cada sección. Te voy a explicar un poco sobre la alimentación, los ejercicios físicos y los ejercicios espirituales. Para cada una de estas tres áreas, compartiré trucos, teorías que he probado y que han funcionado. Si tienes dudas, contáctame en mi página: www.terebeard.com

Sobre la Alimentación
La alimentación para tu vida

Para crecer y evolucionar debes tener claridad de pensamiento. Si quieres pensar claramente y sentirte calmada(o), como *coach* de salud, recomiendo que comas alimentos naturales, no procesados. En otras palabras, busca alimentos que no tengan una etiqueta nutricional, como los vegetales y las frutas frescas, los granos y las legumbres. Y si vas a comer carne, pollo y pescado, procura comerlos orgánicos, sin antibióticos u hormonas y en cantidades pequeñas. Según el Dr. Joel Furhman, en su libro *Super Immunity*, los alimentos procesados están relacionados con el impacto negativo a tu sistema inmunológico. En este momento que necesitas estar conectado con tu ser interior, con tu intuición, lo menos que quieres es enfermarte para sentirte más miserable. El problema es que cuando te enfermas, te drenas y, si tomas un medicamento, añades más químicos al cuerpo. Como resultado, el hígado tiene más carga de lo usual. Como el hígado no puede trabajar tiempo extra, se ve obligado a regresar a la sangre lo que no puede procesar y eliminar del cuerpo por falta de tiempo. En ese punto los tóxicos regresan al cuerpo. Este es un tema muy interesante y complejo. Para hacer un cuento largo corto, come saludable, evita ingerir tóxicos innecesarios. Si mantienes un sistema inmunológico fuerte, comer saludablemente te apoyará a tener mayor claridad emocional.

Si mantienes un sistema inmunológico fuerte, comer saludablemente te apoyará a tener mayor claridad emocional.

El cuerpo es sabio y sabe cómo regenerarse. Para esto hay que eliminar el azúcar. Cuando digo azúcar, es importante que entiendas que azúcar es azúcar. Ya sea azúcar negra, blanca, endulzante artificial de cero calorías, miel, agave... todas son azúcar y el azúcar es altamente adictiva, más que la cocaína, más que el *crack*, más que la heroína. Stevia es una planta con sabor dulce, por tanto no es azúcar. ¿Cuál es el problema con el azúcar? Promueve infecciones e inflamación. El impacto que tiene sobre el sistema endocrino y el hígado es fatal. Como puedes ver en la gráfica abajo, el consumo de azúcar ha subido drásticamente a través de los últimos años, y los números de obesidad, diabetes y Alzheimer también, ya que el alto consumo de azúcar tiene un impacto directo sobre todas estas condiciones.

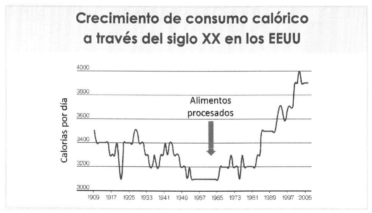

Journal of Academy Nutritional Diet

De acuerdo al *Journal of Academy Nutritional Diet* 112:1828, 2012, de los 600,000 alimentos en los EEUU, el 74% contiene azúcar añadida, es decir sacarosa o *high fructose corn syrup*.

Aunque este tema del azúcar es uno complejo, digno de tener un libro aparte, quiero que entiendas la diferencia entre la fructosa y la glucosa. La glucosa es la fuente principal de energía. El cuerpo la extrae de los carbohidratos y también puede obtenerla de las proteínas o grasas a través del hígado y los riñones. La fructosa está en las frutas, vegetales, miel, sirope de maple y melaza, entre otros. El agave se forma procesando la fructosa. O sea, ¡que la fructosa del agave no es natural!

Cuando la fructosa y la glucosa se mezclan, se forma sacarosa y el famoso *high fructose corn syrup*. La manera en que el cuerpo metaboliza la fructosa y la glucosa es diferente ya que, aunque tienen la misma fórmula molecular, sus estructuras moleculares son diferentes. Veamos la tabla abajo:

Glucosa	Fructosa	¿Qué significa?
Desencadena la liberación de leptina e insulina, hormonas que estimulan el cerebro para decirle a tu cuerpo que está lleno.	No dispara la liberación de leptina e insulina, hormonas que controlan el apetito.	Si es glucosa, el cerebro se entera que estás llena(o). Si es fructosa, sigues comiendo.
El 80% es utilizado por las células, solamente el 20% es almacenado como glucógeno para uso posterior.	Se convierte en glicerol, el componente principal de los triglicéridos, y así promueve la formación de grasa.	Con la glucosa, muy poco es almacenado mientras que la fructosa va directo a aumentar triglicéridos y grasa.
El 80% es absorbido por los intestinos y el 20% es procesado por el hígado.	El 100% es metabolizado y procesado por el hígado, lo que aumenta la carga tóxica.	El hígado solo procesa 20% de la glucosa en vez de un 100% cuando es fructosa.

Información obtenida del Institute for Integrative Nutrition® (IIN®)

Espero que ahora quede claro, azúcar es azúcar, pero glucosa no es fructosa. Por eso cuando comes una cantidad moderada de frutas o vegetales, que ambos contienen fructosa, no es problema pues el cuerpo logra metabolizarlos adecuadamente. El problema es el azúcar añadida, la procesada, la cual puede tener un alto contenido de fructosa, aunque sea mercadeada como "natural".

> *El problema es el azúcar añadida, la procesada, la cual puede tener un alto contenido de fructosa, aunque sea mercadeada como "natural".*

Por último, existe una iniciativa para cambiarle el nombre de Diabetes Tipo II a Enfermedad por Comida Procesada, ya que se sabe que la Diabetes Tipo II es causada por el alto consumo de comidas procesadas. Es decir, es una enfermedad causada por el hombre. Tu solita(o) caíste en la trampa de la Diabetes Tipo II. Además, existe un proyecto de ley para cambiarle el nombre del Alzheimer a Diabetes Tipo III, pues se sabe que el alto consumo de azúcar está directamente asociado con esta enfermedad. Esto debe de ponerte a pensar. ¿De verdad quieres seguir consumiendo tanta azúcar? Y si todavía piensas que en tu caso es muy tarde, déjame explicarte algo más. El cerebro

> *El Dr. Daniel Amen ha comprobado científicamente que si cambias tus hábitos alimenticios, ejercicios físicos y espirituales, ese daño es reversible.*

empieza a deteriorarse hasta 30 años antes de que salga el primer síntoma de Alzheimer. El Dr. Daniel Amen ha comprobado científicamente que si cambias tus hábitos alimenticios, ejercicios físicos y espirituales, ese daño es reversible. No hay manera que puedas decir que es muy tarde para ti.

Aquí tienes la oportunidad de tomar tu primera decisión para tu plan de evolución. De todas las cosas que consumes hoy, ¿cuántas contienen azúcar añadida (incluyendo azúcar artificial)? ¿Qué cambios estás dispuesta(o) a hacer? No tiene que ser de cantazo, así que, aunque sea, puedes reducir la frecuencia de consumo. Puede que prefieras dejar ciertos alimentos o bebidas de lunes a viernes. Recuerda, esto no es una dieta. Vas a hacer lo que puedas. Si te caes, cero estrés, te perdonas y te levantas. Si necesitas ayuda, busca un(a) amigo(a), un *coach*, no te quites.

> *Recuerda, esto no es una dieta. Vas a hacer lo que puedas. Si te caes, cero estrés, te perdonas y te levantas.*

Escribe tu afirmación sobre el azúcar.

Me siento tan feliz ahora que _____

_____

_____

Ejemplo:

- Me siento tan feliz ahora que aprendí a merendar frutas (en vez de galletas dulces o papitas).

- Me siento tan orgullosa(o) que espero al viernes para ir al *happy hour*.

Vuelvo a recalcar, no vas a incorporar todas las sugerencias. Vas a escoger dos o tres nada más. Tu meta es hacerlas por un mes corrido. Al lograrlo, debes felicitarte, pues todo parece indicar que es parte de tu nuevo estilo de vida. Si te sientes cómoda(o), entonces puedes escoger un nuevo hábito. De lo contrario, te quedas donde estás hasta que sientas que es hora de probar uno nuevo.

La alimentación para las relaciones

Otro factor importante, además de comer alimentos no procesados y eliminar el azúcar es hidratarte tomando agua. De acuerdo al investigador de renombre, Dr. F. Batmanghelidj (http://www.watercure.com), "El agua es la base de toda vida, incluyendo tu cuerpo. Los músculos que mueven tu cuerpo son 75% agua, tu sangre que transporta nutrientes es 82% agua, tus pulmones que proveen oxígeno son 90% agua, tu cerebro que es el centro de comando del cuerpo es 76% agua, y aun tus huesos son 25% agua. Si deseas que los pensamientos fluyan mejor entre el cerebro y su destino -es decir, entre el cerebro y cualquier órgano, nervio, músculo- toma agua. Pero no en exceso. Agua en exceso puede causar desbalance de minerales en el cuerpo.

Hay diferentes fórmulas para calcular cuánta agua tomar. Yo uso una muy fácil, la mitad de mi peso en libras, en onzas de agua. Veamos la tabla abajo:

Peso en libras	Onzas de agua	Peso en Kg	Litros de agua
100	50 oz = 4 vasos	45.36	1.5
150	75 oz = 8 vasos	68.04	2.2
200	100 oz = 12 vasos	90.72	3.0

La falta de agua puede causar fatiga, hambre, dolor de cabeza y antojos de azúcar.

Tomar agua te ayuda a pensar claramente pues el cerebro funciona mejor. Si el cerebro funciona

Tomar agua te ayuda a pensar claramente pues el cerebro funciona mejor.

mejor, deberías poder decir lo que debes decir en las relaciones, ya sea con tu pareja, con tu jefe, con tus empleados. Quieres decir las cosas para causar el mejor efecto.

En la medida que puedas, elimina los jugos y los refrescos. Los jugos, en su mayoría, tienen más azúcar

En la medida que puedas, elimina los jugos y los refrescos. Los jugos, en su mayoría, tienen más azúcar que una soda.

que una soda. ¿Te has puesto a pensar cuántas naranjas o zanahorias tienes que exprimir para hacer 8 onzas de jugo? ¡Demasiadas! ¿Tú te comerías todas esas naranjas de cantazo? No creo. ¿Quieres frutas? Cómetelas, no te las bebas. Al comerte la fruta, te comes la fibra tan necesaria para tu sistema digestivo.

Exploremos: existen los exprimidores y extractores de jugos de frutas y vegetales. Se utilizan mucho para hacer dietas para desintoxicar *(detox)*. Y aunque me parece bien hacer un *detox* cada cierto tiempo (ese es otro tema), es importante que entiendas, que muchos extractores de jugo tienen unas navajas que van muy rápido, se calientan y el calor mata los nutrientes. Súmale que la fibra de cada fruta o vegetal se quedó con la pulpa que permanece en la máquina. Al final, no me parece la alternativa más saludable. Por otro lado, existe un masticador, muy parecido al extractor de jugo; la diferencia es que la extracción es lenta, las navajas no se calientan y, por lo tanto, no mata los nutrientes. La inconveniencia es que el proceso de extracción es lento. Si tienes un extractor de jugo o masticador, te recomiendo que reserves esa pulpa y la uses para hacer unos deliciosos *veggie burgers* o albóndigas vegetarianas (incluyo la receta al final).

¿Puedes aumentar el consumo de agua y reducir el consumo de jugos y/o refrescos? Independientemente de las decisiones que tomes en las secciones de este Plan de Evolución, te pido que incluyas tomar agua todos los días.

Escribe tus afirmaciones sobre el agua, los jugos y los refrescos.

Me siento tan feliz ahora que _____

_____

_____

Si el dejar los jugos y los refrescos para tomar agua es muy fuerte para ti, entonces escoge uno de los dos. Yo voto por que dejes los refrescos, que además de su alto contenido de azúcar, tienen otros ingredientes dañinos a tu salud, incluso los de dieta. ¿Qué te parece si te pones la meta de tomar un vaso de 12 onzas de agua antes de salir en la mañana, otro, media hora antes del almuerzo y otro, media hora antes de la cena? ¿Sabes lo que va a pasar? Que a tu cuerpo le va a dar sed y te pedirá más agua. Inténtalo.

La alimentación en el amor

Cuando hablamos de la alimentación y del amor, pensamos en postres. Rápido viene el chocolate a la mente. Déjame decirte que aunque no hay manera de justificar el consumo de azúcar, sí hay manera de endulzarte la vida con alimentos. Algo muy fácil de hacer es mantecado de guineo. Es tan sencillo que aunque la receta está al final del libro, te lo explicaré para que veas que sencillo es. Pelas varios guineos, los cortas en pedazos y los guardas en el congelador. Cuando estén extra congelados los echas en el procesador de alimentos con una cucharadita de vainilla, los mueles hasta que la consistencia sea de mantecado. ¡Y listo, disfruta! No tiene ningún ingrediente más y es delicioso.

¿Quieres chocolate? Pues consume una onza de chocolate oscuro que contenga mínimo un 70% de cacao. Vas a ver que si haces estos cambios, y eliminas el azúcar de tu vida, acabarás con la adicción y las posibles complicaciones. Quiérete, cuídate, rompe el vicio.

Escribe tu afirmación sobre los postres.

Me siento tan feliz ahora que _____

_____

_____

La alimentación en la salud

Hablemos un poco del azúcar otra vez. Al tomarte el jugo, estás consumiendo una cantidad de azúcar demasiada alta. ¿Sabías que la norma para el cuerpo humano es consumir aproximadamente de 30 a 37 gramos de azúcar al día? Treinta gramos son equivalentes a 7 cucharaditas y media de azúcar, mientras que 37 gramos equivalen a 9 cucharaditas. Si te tomas un vaso de jugo de 8 onzas, estás consumiendo aproximadamente 30 gramos de azúcar. Esto significa que al tomarte un vaso de jugo acabas de consumir todo el azúcar que requieres para un día. Ahora ponte a pensar: ¿Le echaste azúcar al café?, ¿comiste vegetales? Estos tienen azúcar. ¿Comiste alguna merienda por la mañana y en la tarde? Estas tienen azúcar. ¿Te tomaste alguna soda de dieta?, ¿piensas que porque es azúcar artificial no cuenta? El cerebro no sabe la diferencia y los órganos reaccionan de igual manera que si te hubieras tomado la soda original. Un combo de un restaurante de comida rápida, que contiene una hamburguesa, papas fritas y refresco, según indica su propia página web, tiene 47 gramos de azúcar o 12 cucharaditas de azúcar, mucho más de lo que debes consumir en un día. ¡Y eso fue en una sola comida, sin postre!

Sabes que los restaurantes de servicio rápido tienen comida procesada que no es saludable. ¿Has pensado en las otras cadenas de restaurantes que no están clasificados como restaurantes de servicio rápido? Me refiero a los restaurantes clasificados como *casual dining*, que tanto gustan, que están por todas partes en diferentes estados o países y tienen el mismo menú con los mismos platos y el mismo sabor. Si buscas la información nutritiva sobre estos platos, descubrirás que la mayoría tiene más azúcar, sodio y grasa que el equivalente del restaurante de servicio rápido. ¿Cómo crees que el mismo plato en Florida sabe igual al plato en Puerto Rico y en California? Mucho tiene que ver con el hecho de que es comida procesada, que ya viene prehecha. No te estoy diciendo que no vayas, te estoy diciendo que lo tengas presente. El aderezo de esa ensalada que pediste en el restaurante *casual dining*, ¿sabes cuánta azúcar, sodio y nutrientes tiene? Al mirar el sitio web de uno de mis favoritos, quedé horrorizada cuando descubrí que el sodio de las ensaladas que me gustan está entre 1,000 mg y sobre 2,000 mg. Se supone que ingiramos entre 1,500 mg y 2,300 mg de sodio al día. Entonces, ¿cuál es el propósito de comerme la ensalada si esta puede agravar la probabilidad de

Los estudios indican que al reducir el consumo de sodio a 1,500 mg al día, también se reducen las incidencias de complicaciones cardiacas.

alta presión y condición cardiaca? Los estudios indican que al reducir el consumo de sodio a 1,500 mg al día, también se reducen las incidencias de complicaciones cardiacas. Para darte una idea, 2,300 mg equivalen a un poco menos de media cucharadita de sal AL DIA, mientras que 1,500 mg equivalen a un tercio de cucharadita. Como puedes ver, nos conviene aprender a reducir el consumo de sodio. Utiliza el limón y la mostaza para sazonar, son excelentes sustitutos a la sal. Mezcla una cucharada de mostaza con jugo de limón, se lo echas al pescado o al pollo y lo guardas en la nevera. Lo puedes cocinar al horno o al sartén. Saben divinos y no tienen nada de sal.

Utiliza el limón y la mostaza para sazonar, son excelentes sustitutos a la sal.

Si tu vida es complicada y el tiempo no te alcanza para cocinar, ¿qué te parecen las siguientes ideas? Utiliza un día a la semana para preparar mucha comida que puedas utilizar durante la semana de diferentes maneras. Por ejemplo, si preparas una carne molida, la puedes usar un día para comerla con un poco de quinua y vegetales; otro día, con una pasta de harina de quinua; el próximo, la pones en unos tacos mexicanos y, por último, en un pastelón de alguna vianda que herviste. Como *coach* de salud, te puedo dar muchas ideas de cómo ser creativa(o) con los alimentos para que no te aburras con el mismo menú. Y por favor, sazona con sal, pimienta y hierbas naturales. No hay necesidad de usar los cubitos o los sobrecitos de sabor. Estos contienen demasiadas cosas no saludables. Si cocinar no es lo tuyo, sugiero que tomes clases, es mejor para tu bolsillo y para tu salud. Mientras, busca en tu vecindario, hay diferentes personas que se dedican a cocinar saludable y te entregan la comida fresca o congelada. Pregúntales cómo sazonan las comidas. Asegúrate de que sea saludable. Yo cocino con amor, solo uso ingredientes naturales y sazono con especias también naturales. Mis platos usualmente se llevan 5 estrellas y al otro día todos nos sentimos bien.

Así que, ¿qué decisión has tomado?, ¿vas a cocinar en casa o vas a comprarle los alimentos a alguien que cocine saludable?, ¿vas a ir menos a los restaurantes casual dining? Te voy a dar unas ideas, en vez de ir al restaurante *casual dining*, ve a uno donde sepas que cocinan saludable; o cojan turnos cocinando, es decir, escojan a una persona de tu grupo y que esa persona cocine ese día. Luego, la próxima semana, que le toque a otra persona. Así pueden estar en un ambiente rodeado de amistades y se pasa y se come mejor. ¿No sabes cocinar? Haz una barbacoa. Puedes hacer desde vegetales hasta postres a la barbacoa. Por ejemplo, si partes un melocotón o durazno por la mitad, le quitas la semilla, le echas un poco vinagre balsámico por encima y lo asas unos minutos por ambos lados, quedará delicioso. Inténtalo. Te acordarás de mí.

Escribe tu afirmación sobre el comer fuera en restaurantes que sirven comidas procesadas.

Me siento tan feliz ahora que _____

_____

_____

La alimentación en las finanzas

Todos queremos tener buena salud financiera. Dicen que la comida orgánica es más cara y es cierto, cuando vas al mercado y comparas los precios, definitivamente cuesta más. ¿Cuánto tiempo pasas en oficinas de doctores?, ¿cuántas medicinas te tomas al año?, ¿cuántas medicinas tomas para contrarrestar el efecto secundario de otro medicamento o de los mismos alimentos procesados? ¿Piensas salir encinta?, ¿sabes que lo que comes y tomas afectarán a tu bebé? Cuando te das cuenta que el tiempo que pasas esperando en oficinas de doctores y especialistas cuesta dinero, cuando tu hijo desarrolla alergias o nace con ADHD, cuando sumas el costo de todos estos medicamentos y le añades el precio de los efectos secundarios, el resultado es mucho mayor que el precio de los alimentos orgánicos.

Te daré un ejemplo, un caso muy sencillo, el mío propio. Me encontraron una condición leve de la tiroides y me recetaron el fármaco que corresponde. Lo comencé a tomar y no me gustaba nada la idea de tener que tomar un medicamento de por vida. Como *coach* de salud, decidí usar mi cuerpo como laboratorio y experimentar los conceptos aprendidos sobre alimentación. Hice un procedimiento para reactivar mi sistema hormonal. En ningún momento sufrí por estar a dieta, pues el concepto fue el de eliminar un alimento a la vez por tres días. Descubrí que algunos de estos no eran compatibles con mi cuerpo. En mi caso, (y recalco: lo que me cae bien a mí te puede caer mal a ti), al eliminar el café y los lácteos, me sentí mejor. Seis meses más tarde, me hice la prueba de la tiroides nuevamente. No tan solo había eliminado mi condición, estaba en excelentes condiciones. Me di cuenta que si sumo el costo anual del medicamento $600.00 ($100.00 dólares cada dos meses), más el análisis del laboratorio, que con todo y cobertura del plan médico, sale como en $300.00 ($150.00 cada 6 meses), más la visita al médico cada 6 meses (me ahorro una visita, pues voy una vez al año de todas maneras), me estoy ahorrando $995.00

dólares al año en costos directos. Si le sumo la gasolina y tiempo que invierto haciendo cada una de estas tareas, el costo es mayor. ¿Tú crees que con $995.00 al año puedo pagar el precio de alimentos orgánicos? No tan solo puedo, es que quiero comer saludable. Hoy no tomo ni un solo medicamento. Haz el cálculo de tus posibles ahorros.

Escribe tu afirmación sobre tu alimentación en general. ¿Qué deseas mejorar?

Me siento tan feliz ahora que _____

_____

_____

Sobre los ejercicios físicos...
y toda tu evolución

El ejercicio es importante para el cuerpo y a la vez para la mente. Por eso, no divido la conversación en cada tipo de evolución, pues el ejercicio impacta

> *El ejercicio impacta favorablemente tu vida, tus relaciones, el amor, la salud y tus finanzas.*

favorablemente tu vida, tus relaciones, el amor, la salud y tus finanzas. El ejercicio es la conexión que permite unir y mejorar la relación cuerpo y mente.

Hay varios tipos de ejercicios que debes considerar hacer e integrar a tu estilo de vida, veamos.

¿Te has fijado alguna vez lo que hace un perro o un gato cuando se levanta de haber dormido? Se estira de un lado y del otro. Al comenzar el día, estírate. Te toma pocos minutos y es tan importante, sobre todo, cuando van pasando los años. Estira bien los brazos, pon el codo hacia arriba, mientras la mano de ese mismo brazo toca tu espalda. Usa tu otra mano para llevar el codo hacia atrás. Haz lo mismo con el otro brazo. Estira tu cabeza, tu torso, tu cintura, espalda baja y tus piernas. Puedes buscar en Internet algunos ejercicios de estiramiento o habla con un entrenador personal certificado (hay muchos por ahí que no saben mucho más que tú). Todo esto ayuda a que la energía fluya mejor por tu cuerpo y eso es lo que queremos, que fluya para poder tomar mejores decisiones.

Todo esto ayuda a que la energía fluya mejor por tu cuerpo y eso es lo que queremos, que fluya para poder tomar mejores decisiones.

Al levantarte es un excelente momento para hacer un poco de yoga. Hay diferentes tipos de yoga para diferentes tipos de personas, es decir, hay posturas con movimientos y otras sin movimientos. Los ejercicios isométricos, como yoga, Pilates y otros, ayudan a fortalecer las coyunturas, las cuales apoyan al sistema músculoesqueletal. Si quieres evitar osteoporosis, además de comer saludable, debes hacer este tipo de ejercicio. Una vez más, la energía fluye por tu cuerpo. ¿Qué hace el sistema nervioso si no es llevar mensajes de un lado para el otro? Si hay obstáculos, los mensajes no llegan a la velocidad que deben llegar.

La respiración es una función del cuerpo que ayuda tanto en el plano físico como en el mental y el espiritual. Cuando un bebé nace, respira correctamente, utiliza su diafragma, expande su estómago por completo al inhalar y lo contrae al exhalar. Esto ayuda a oxigenar el cuerpo completamente hasta el último capilar. El respirar profundamente, usando el diafragma, ayuda a concentrarte, ayuda a calmarte, a meditar mejor, a bajar la tensión en el cuello y los hombros, a masajear el corazón y a activar el sistema nervioso parasimpático, el cual es responsable del descanso y la digestión. Así cuando estés sintiendo confusión, estrés, miedo, haz un alto y respira profunda y lentamente. Verás que lograrás sentirte mejor.

De acuerdo al Dr. Andrew Weil, la respiración es crítica para un buen sistema digestivo. Además, ayuda a bajar la ansiedad, a reducir la presión sanguínea y a estar en el presente. Él recomienda hacer la siguiente respiración dos veces al día, antes de meditar y antes de acostarse a dormir.

Respiración 4-7-8

Sentada(o) derecha(o), pies en el piso, lengua en el paladar
- Comienzas botando todo el aire
- Inhala a través de la nariz contando hasta 4
- Aguanta la respiración contando hasta 7
- Exhala a través de la boca contando hasta 8
- Repite 4 veces, un máximo de 8 veces luego de un mes

Respiración 6-3-6-3

Como sanadora pránica, recomiendo la respiración 6-3-6-3.
- Inhalas contando hasta 6
- Aguantas hasta 3 y exhalas contando hasta 6
- Aguantas contando hasta 3
- Esto lo repites unas 4 veces

Otro tipo de ejercicio que nos ayuda son las pesas. Son necesarias para fortalecer nuestros músculos. No tienen que ser muy pesadas. En algunos casos, si no te alimentas bien, el cuerpo busca ciertos nutrientes en los músculos. Mientras

En algunos casos, si no te alimentas bien, el cuerpo busca ciertos nutrientes en los músculos.

más músculos, más rápido tu metabolismo y más capacitado tu cuerpo se siente para manejar el estrés. El ejercicio aeróbico ayuda a tu sistema cardiovascular. Está comprobado que las enfermedades cardiacas van incrementando desde que las dietas bajas en grasa se hicieron famosas. ¿Cómo es posible? Fácil, al quitarle la grasa a las comidas, había que ponerle algún sabor. Las compañías de alimentos procesados añadieron azúcar en diferentes formatos o nombres, lo cual explica por qué son tan adictivas y por qué cada vez comemos más, pidiendo el "combo agrandado". El azúcar se convierte en grasa. El ejercicio aeróbico ayuda a eliminar la acumulación de estas grasas, además de ayudar al sistema respiratorio a estar en mejor condición.

Ahora, te voy a hablar de un tipo de ejercicio que no te esperabas, el que ayuda a la energía a fluir por tu cuerpo. De pequeña los hacía en la escuela para desarrollar destrezas motoras y coordinación. Más aún, como fui atleta, los seguí haciendo por muchos años. Existe toda una variedad, los puedes encontrar en Internet, bajo el término *Brain Gym*. De acuerdo a la Organización sin fines de lucro de Brain Gym International (http://braingym.org/), el principio es el moverse con intención para alcanzar a un aprendizaje óptimo. Diversas universidades ofrecen grados de educación en *Brain Gym*. Los estudios comprueban lo mucho que te pueden ayudar en los aspectos físicos, mentales y emocionales. ¿Qué hay que hacer? Aunque no exclusivo, muchos son movimientos cruzados, es decir, párate derecha(o), dobla y sube la pierna derecha, y con tu codo izquierdo toca la rodilla derecha. Ahora haz lo opuesto, dobla y sube la pierna izquierda y con tu codo derecho toca la rodilla izquierda. Repite este movimiento 10 veces de cada lado. Ahora toca con tu brazo derecho la nariz mientras con tu brazo izquierdo te tocas la oreja derecha, cambia. Repite 10 veces. Ahora toca tu pie derecho con tu mano izquierda por detrás de tu cuerpo. Haz el otro lado y repite. Puedes buscar un maestro de *Brain Gym*, pues los hay en casi todos los países. ¡Si vieras cómo estos ejercicios simples ayudan en el desarrollo, la educación y, sorprendentemente, en el flujo de la energía! Si deseas una referencia visual del ejercicio descrito, accede: https://www.youtube. com/watch?v=O5ChXC-rHLE

Por favor, no me digas que no tienes tiempo para hacer ejercicios. Cuando te enfermes, no me digas "¿por qué me pasa esto a mí?". ¿Tienes un examen y no puedes concentrarte para estudiar?, haz ejercicios, los de *Brain Gym*. Si tú no te cuidas, ¿quién lo hará por ti? Caminar tres veces por semana es fácil. Si llueve, hace calor o demasiado frío donde vives, si no tienes dinero para pagar un gimnasio, puedes irte a un centro comercial y caminarlo de arriba a abajo. Otra alternativa es hacer *jumping jacks* o bailar mientras ves televisión. Si tienes la dicha de vivir cerca de una playa, como yo, ve al mar. El nadar es excelente, pues no le pone ningún estrés a tus coyunturas y, de paso, energéticamente, el mar te limpia. Así que tienes un dos por uno. ¿Cuál ejercicio escogiste hacer o volver a hacer?, ¿una variedad? Eso espero.

Si lo quieres, puedes; y si quieres sentirte mejor, haz ejercicios. Diez minutos al día, todos los días, te vendrán de maravillas. Ya verás, de momento te sentirás mejor y tu mente se aclara para que puedas entender que el mundo no está en tu contra, que tú sí puedes y que tienes derecho a cambiar lo malo por lo bueno. Tú también puedes decir a mí todo me sale bien. Lo primero es creértelo y poner de tu parte.

Por último, incluyo el ejercicio más fácil de todos, el abrazo. Como dice Andrew Matthew en su libro *Making Friends*, los abrazos son saludables pues necesitamos ser tocados, a menudo. Al ser abrazados, se reduce tu depresión y se fortalece tu sistema inmunológico. Además, aumenta la hemoglobina, la cual es responsable de llevar oxígeno a tu cerebro, corazón y al cuerpo en general. Se siente tan rico, un buen abrazo. Dalo, acéptalo y disfrútalo. Es contagioso y nos hace bien a todos.

Escribe tu afirmación sobre los ejercicios.

Me siento tan feliz ahora que _____

_____

_____

Recuerda, si actualmente no haces ejercicios, tu compromiso es hacer solo 10 minutos al día. Si ya haces algún tipo de ejercicio, como pesas, incorpora los otros tipos de ejercicios como yoga o caminar. Ama a tu cuerpo.

Sobre los ejercicios espirituales
Ejercicios para tu vida

Si contestaste que tienes miedo y/o coraje en el capítulo de Evolución de vida, te recomiendo que hagas una introspección y que busques ayuda de algún terapista o *coach* que te asista con el proceso del perdón. Usualmente, cuando sentimos miedo o coraje, se debe a alguna experiencia del pasado (o vidas pasadas). Es importante explorar y reconocer qué evento en tu vida resultó en ese miedo o coraje que vives hoy. ¿Entiendes que hay otra persona responsable de pasarte o enseñarte ese miedo, que puede ocasionarte coraje? Debes, entonces, perdonar a esa persona por enseñarte este miedo y perdonarte a ti por recibir el miedo y reaccionar con coraje.

En mi caso, la Dra. Judith Mercado, me ayudó en una etapa de mi vida a darme cuenta de que puedo hacer cambios radicales por mi bienestar sin pensar que he fracasado. La Dra. Margarita Hernández me ayudó a prepararme y entender que la mejor manera de ganar una batalla laboral no es peleando sino entendiendo la situación y tomar decisiones que te ayuden a ti, no tomar decisiones pensando en fastidiar el otro lado. Otro recurso importante es mi *coach* Ma Prem Bhama, con su libro *La llave de tu felicidad* y sus sesiones privadas, me ayudó a entender las áreas y oportunidades de crecimiento y a recibir el cambio como la respuesta del Universo para mi bienestar.

Hay muchos remedios naturales que ayudan a calmarte para que puedas hacer el trabajo de introspección y perdón que necesitas. Sugiero que tengas y uses algún libro de hierbas medicinales como referencia. Evita tomar químicos, ya que usualmente estos tienen efectos secundarios y tienden a acumularse en el hígado. Al presente, con el uso de Internet, puedes encontrar clases de cómo sembrar y utilizar plantas medicinales de tu tierra.

Cuando pasamos por experiencias de mucho dolor, como la muerte de un ser querido, posiblemente el coraje nos lleve a herir a seres que amamos. El sentido de culpa puede interponerse y empeorar las relaciones con nuestro núcleo familiar.

Te recomiendo la técnica del ho'oponopono. Esta disciplina, creada en Hawái, es una manera espectacular para conseguir el perdón de otros y para perdonarte. El concepto es muy sencillo. Te enfocas en decir cuatro cosas: lo siento, perdóname, te quiero, gracias. Esto lo puedes decir directamente a la persona o lo puedes decir a solas. Si le estás hablando a alguien, le dices, por ejemplo, en el caso mío con mi madre referente a mi hermana que murió: **lo siento** que Laurie tuvo que morir tan joven, **perdóname** por no entender tu dolor, **te quiero** porque eres mi mamá y has dado tu vida para apoyarme en todo momento, **gracias**. Lo importante es que lo sientas con honestidad para que proyectes estos sentimientos. Recuerda, la energía sigue a la intención. Si tu intención es pedir perdón, la energía se concentrará en perdonarte.

Si tienes coraje y necesitas culpar a alguien por tu desgracia, y luego te das cuenta que eres tú quien más necesita ayuda, no te culpes, date el espacio para perdonarte, crecer y continuar. El ho'oponopono para perdonarte puede ser algo como, **lo siento** que he estado tan ciega(o) que no he visto cómo mi dolor se ha convertido en coraje, **perdóname** por tratarme sin compasión, **me quiero** porque soy una buena persona, **gracias**. Esta oración la repites todas las veces que puedas, con fe y verás cómo vas liberando los sentimientos negativos y sustituyéndolos por sentimientos positivos.

Como sanadora pránica, te puedo decir que el dolor por una pérdida de un ser querido, sea por causa de muerte o porque se ha marchado físicamente, puede ser tratado. La tristeza y la ansiedad asociadas a este dolor se pueden remover para darle espacio a la alegría y la calma. Es como comencé diciendo al principio del capítulo de la Evolución de vida, todo depende de ti. ¿Quieres seguir en tu miseria?, ¿quieres ser feliz?, ¿te mereces sufrir?, ¿te mereces lo mejor?

Por otro lado, ¿necesitas calmarte? Ten presente que hay muchos medicamentos que son mercadeados para la depresión, para tranquilizar o calmar, y que parte del diseño del medicamento es darte sueño (incluyendo los medicamentos para las alergias). Me imagino que la táctica detrás de este diseño es esconder el cielo con la mano. Si estás durmiendo, no tienes que enfrentar y trabajar con tu realidad. Lo que no te dicen las

Si estás durmiendo, no tienes que enfrentar y trabajar con tu realidad.

farmacéuticas es que estos tipos de fármacos, aunque dan sueño, no permiten llegar al sueño profundo, que es cuando el cuerpo regenera sus tejidos y hace su sanación. Estarás durmiendo, pero no profundamente. Así que te estás haciendo más daño que bien.

¿Qué te parece? ¿Quieres intentar el ho'oponopono o coger un curso en hierbas medicinales?

Escribe tu afirmación sobre el perdón. ¿Cómo quieres comenzar el proceso de sanación?

Me siento tan feliz ahora que _____

_____

_____

Ejercicios para las relaciones

La meditación es una disciplina o práctica que te ayuda con todos los aspectos de tu vida. Está comprobado científicamente que te ayuda no tan solo en el plano físico, sino en el espiritual. Los estudios indican que ayuda a bajar la presión sanguínea, sobre todo, si padeces de hipertensión, a balancear el sistema hormonal y hasta mejorar la salud de tus células. Conéctate con la Madre Tierra. Ve a meditar en algún bosque o jardín. Las personas que están cerca de los árboles son más saludables. Los que tienen contacto con la tierra pueden limpiar sus impurezas. ¿Tienes un problema y no sabes qué hacer? Medita. Puedes hacerlo mientras caminas en la playa, mientras limpias en la casa, mientras paseas. Lo importante es que te concentres en tu respiración y en buscar un momento de quietud. Pon una intención al principio, pide si es que deseas saber algo, confía y espera. Tus puntos energéticos se alinearán, la solución llegará y tú te sentirás mejor.

Hay personas que les gusta usar una meditación guiada. Explora, en la web hay diversos sitios con meditaciones de todo tipo. Otras personas prefieren meditaciones en silencio total. En ese caso, con ponerte en tu postura favorita, concentrada(o) en la respiración, puedes comenzar ya. Y, por último, hay personas que les gusta meditar en grupo.

Nuevamente, hay muchos grupos de meditación y los puedes encontrar, ya sabes, en Internet. En mi caso, me gusta mucho hacer la meditación de los Corazones Gemelos provista por el Centro de *Pranic Healing*. No solo se siente increíblemen-te bien, hay estudios que han comprobado su efectividad al usar el poder del corazón y la mente en conjunto.

Otra herramienta que me gusta mucho para meditar y que llevo usando por más de 10 años, son las grabaciones provistas por el Instituto Monroe, en Virginia, representados en Puerto Rico por la mujer maravillosa, Carmen Montoto, dueña de la Academia MC2. No tan solo ayudan con la meditación, además tienen grabaciones para la concentración, la creatividad, el miedo, las adicciones y otras condiciones. Tienen una variedad extensa para trabajar diferentes partes de tu cuerpo y tu mente, también comprobada científicamente. En el caso mío, tuve la dicha de estar en el centro de investigación, donde fui conectada a un equipo electrónico para medir las distintas frecuencias de mis ondas cerebrales durante la meditación. Pude ver la gráfica que mostraba el cambio de mis ondas cerebrales y escuchar la grabación de lo que relaté mientras meditaba.

Al ver todas las maneras en que la meditación impacta favorablemente tu cuerpo, mente y espíritu, sugiero que medites todos los días por lo menos 5 minutos y si puedes más tiempo, mejor. Es mejor que meditar 45 minutos una vez por semana.

¿Qué te parece? ¿Te animas a meditar 5 minutos al día? Tu cuerpo y tu mente estarán en gratitud...

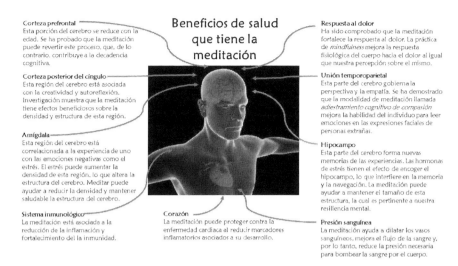

Beneficios de salud que tiene la meditación

Corteza prefrontal
Esta porción del cerebro se reduce con la edad. Se ha probado que la meditación puede revertir este proceso, que, de lo contrario, contribuye a la decadencia cognitiva.

Corteza posterior del cíngulo
Esta región del cerebro está asociada con la creatividad y autoreflexión. Investigación muestra que la meditación tiene efectos beneficiosos sobre la densidad y estructura de esta región.

Amígdala
Esta región del cerebro está correlacionada a la experiencia de uno con las emociones negativas como el estrés. El estrés puede aumentar la densidad de esta región, lo que altera la estructura del cerebro. Meditar puede ayudar a reducir la densidad y mantener saludable la estructura del cerebro.

Sistema inmunológico
La meditación está asociada a la reducción de la inflamación y fortalecimiento del la inmunidad.

Corazón
La meditación puede proteger contra la enfermedad cardiaca al reducir marcadores inflamatorios asociados a su desarrollo.

Respuesta al dolor
Ha sido comprobado que la meditación fortalece la respuesta al dolor. La práctica de *mindfulness* mejora la respuesta fisiológica del cuerpo hacia el dolor al igual que nuestra percepción sobre el mismo.

Unión temporoparietal
Esta parte del cerebro gobierna la perspectiva y la empatía. Se ha demostrado que la modalidad de meditación llamada *adiestramiento cognitivo de compasión* mejora la habilidad del individuo para leer emociones en las expresiones faciales de personas extrañas.

Hipocampo
Esta parte del cerebro forma nuevas memorias de las experiencias. Las hormonas de estrés tienen el efecto de encoger el hipocampo, lo que interfiere en la memoria y la navegación. La meditación puede ayudar a mantener el tamaño de esta estructura, la cual es pertinente a nuestra resiliencia mental.

Presión sanguínea
La meditación ayuda a dilatar los vasos sanguíneos, mejora el flujo de la sangre y, por lo tanto, reduce la presión necesaria para bombear la sangre por el cuerpo.

Melnick, M. Meditation health benefits: What the Practice Does to Your Body. (2013). The Huffington Post. Retrieved from http://www.huffingtonpost.com/2013/04/30/meditation-healthbenefits_n_3178731.html

Escribe tu afirmación sobre cómo prefieres meditar, sola(o), en grupo, cuánto tiempo y con qué frecuencia.

Me siento tan feliz ahora que _____

_____

_____

Ejercicios para el amor

Los ejercicios espirituales son tan importantes. Te ayudan a mantener tu espíritu fuerte para que cuando vengan situaciones adversas, pasen más rápido y dejen menos estragos. Cuando aprendes a mandar amor a las personas que te molestan y te sacan el monstruo, eso que tanto te molesta se va desvaneciendo. Envíale amor a esa persona que entiendes que fue responsable de tu desgracia, sé compasivo. El amor todo lo puede, todo lo sana. El Dalai Lama nos dice que hay que aprender a ser compasivo con el enemigo, pues con el amigo es muy fácil.

Como he mencionado, la meditación ha sido probada científicamente como una modalidad que ayuda al cuerpo a alinear sus puntos energéticos. Puedes meditar de muchas maneras, puedes estar caminando, sentada(o), acostada(o). Lo importante es que estés escuchando. Si te pones a pensar en lo que tienes que hacer hoy o en lo que no hiciste hoy, deja ir ese pensamiento y busca el silencio en tu mente. Así es como podrás escuchar el mensaje. Es como cuando estás en un restaurante, si todos hablan a la vez, no puedes entender lo que te dicen. Pero si todos están en silencio, escuchas fácilmente. Recuerda hacer el ejercicio de respiración

El Dalai Lama nos dice que hay que aprender a ser compasivo con el enemigo, pues con el amigo es muy fácil.

4-7-8 antes de comenzar a meditar. Esto te ayudará a enfocarte y silenciar la mente.

Cuando se medita en grupo, la experiencia puede ser todavía más intensa. De manera que si tienes acceso a meditar en grupo, hazlo y mira a ver si sientes la diferencia. Un punto interesante de la meditación en grupo es que puedes recibir un mensaje que en realidad sea para otra persona del grupo. Así que cuando terminen de meditar, es saludable hablar de la experiencia

Un punto interesante de la meditación en grupo es que puedes recibir un mensaje que en realidad sea para otra persona del grupo.

dentro del grupo, para saber si alguien recibió algún mensaje o sentimiento, que sea intencionado para otro miembro del grupo.

Como estamos hablando del amor, quiero aclarar que puedes establecer una intención para la meditación desde antes de comenzarla. Una que me gusta hacer, sobre todo, cuando estoy en grupo, es enviarle amor al planeta. Deseamos enviarle amor para que los líderes de las naciones tomen mejores decisiones, para que haya menos conflictos, para que la naturaleza crezca y coexistamos saludablemente.

De la misma manera, cuando te toque trabajar con alguien difícil, envíale amor. Verás que todo mejora.

Escribe tu afirmación sobre cómo manejar el coraje y la frustración y reemplazarlos con amor.

Me siento tan feliz ahora que _____

_____

_____

Ejercicios para tu salud

El dormir no es una acción 100% espiritual, sin embargo, es crítico para tu crecimiento y paz espiritual. En las guerras, el privarte del sueño ha sido utilizado como método de tortura. Es el momento en que los órganos descansan y el cuerpo regenera sus tejidos. Antes de acostarte, da gracias por el día que has tenido y si deseas la contestación a algo, pídelo en este momento. Muchas soluciones son reveladas durante el sueño. Por eso, es bueno tener una libreta cerca para que en el momento que despiertes, puedas anotar todo lo que recuerdes.

Se recomienda que después de los 18 años, duermas de 7 a 9 horas por noche y te acuestes no más tarde de las 10:00 p.m. Es una manera de ayudar a fortalecer el sistema inmunológico, estimular la creatividad (para resolver problemas), estar menos irritable o ansiosa(o) y mejorar la memoria y el estado de ánimo.

Cuando tienes mucho trabajo, ese que tiene que estar listo para mañana, mientras más cansada(o) estés, más te vas a tardar en completarlo y menos ideas te vendrán a la mente. Así que, en vez de tomarte un traguito para relajarte, vete a dormir. Eso sí te relajará y te dará mejores ideas. Si eres una *superwoman* o *superman*, empieza a delegar. Vete a dormir, mañana será otro día, uno mejor. Sonríe y da gracias que tienes tu cama. Confío que este ejercicio lo puedas incorporar rápido en tu plan de evolución.

Existen muchas modalidades que te recomiendo explores y uses para tu evolución. La kinesiología, el alambraje, el reiki, el taichí, la sanación pránica, los aceites esenciales, los cristales entre otros, son algunas técnicas que he aprendido y que puedo decir que son maravillosas para crecer como persona. Todas tienen que ver, de alguna manera u otra, con la energía que fluye por el cuerpo. Cuando aprendes a trabajar con la energía, puedes lograr estar en paz contigo misma(o) y con los que te rodean. No creo que haya una modalidad mejor que otra, simplemente, una que vibra mejor en un momento dado.

Como sanadora pránica, te puedo decir que he practicado esta técnica lo suficiente para aprender a ser canal de ayuda. Por ejemplo, he asistido a un niño de menos de 3 años a sanar en minutos un ataque de crup, a una persona con depresión a salir de su habitación donde estaba encerrada por un fin de semana y hasta eliminar en pocos días los golpes y moretones creados en un accidente de automóvil. Esta técnica me ha ayudado a continuar desarrollando la compasión y estar más consciente de las personas que están a mi alrededor. Me encanta, pues me permite ayudar a distancia a cualquier persona que desee recibir la ayuda.

Escribe tu afirmación sobre el dormir. ¿A qué hora vas a acostarte a dormir?

Me siento tan feliz ahora que _____

_____

_____

Escribe tu afirmación sobre otras modalidades que desees aprender o retomar. (taichí, yoga, artes marciales, ejercicios de Pilates, etc.)

Me siento tan feliz ahora que _____

_____

_____

La creatividad y las finanzas

Cuando tenemos coraje, miedo, pena, confusión por causa de nuestras experiencias, hay que buscar dos cosas: primero, cómo limpiar o botar todos estos sentimientos negativos y segundo, cómo hacer espacio para encontrar las soluciones.

Te doy un ejemplo: si tengo una habitación con muebles rotos y viejos, ¿cómo puedo poner unos nuevos si no hay espacio?, ¿cómo puedo imaginar cómo se vería lo nuevo, si las paredes están sucias y no hay espacio para nada?

Dicen que la verdad está dentro de ti. Lo creo así y te exhorto a que lo creas también. Recuerda cuando eras chiquita(o), ¿alguna vez fuiste *Superman*?, ¿te acuerdas de cómo te juntabas con tus hermanos y amigos y se inventaban juegos y reglas?, ¿alguna vez tuviste un amigo imaginario? ¿Te has puesto a hablar con un niño(a) de tres años? Es impresionante su creatividad, escuchar su lógica y cómo se inventan explicaciones. Simplemente admirable. ¿Qué concluyo sobre esta experiencia? Que si un(a) niño(a) de tres años es creativo(a), yo debo serlo también. Entonces, ¿por qué sientes que

Dicen que la verdad está dentro de ti.

estás estancada(o) en un problema?, ¿cómo es que no puedes salir de tu tragedia y estás segura(o) de que esta vez no hay solución? Porque una vez más, tienes un obstáculo, esta vez, en la conexión mente-espíritu.

Nunca dejes que la inseguridad u otra persona te hagan sentir que no vales o que hay algo malo contigo. Recuerda que estás hecha(o) a imagen y semejanza de Dios. Si hay una afirmación que debes hacer diariamente, tan pronto hayas acabado de estirarte, es la que nos enseña Louise Hay, ir al espejo y decir mientras te miras: "Me amo y acepto como soy". Aprovecha cada vez que vayas al baño durante el día, mírate al espejo y repítelo. Verás cómo las cosas cambian a tu favor. Aunque esta afirmación la estoy mencionado en esta sección de finanzas, en realidad, aplica a todo en tu vida. Aprende a aceptar que te mereces todo.

Nunca dejes que la inseguridad u otra persona te hagan sentir que no vales o que hay algo malo contigo.

Lo que tienes no determina quién eres, lo que haces determina quién eres.

El dinero no es malo, ni es bueno. El dinero es una herramienta que utilizas para vivir, para comprar una educación, una casa, para ayudar a otras personas, para estar tranquila(o). Lo que tienes no determina quién eres, lo que haces determina quién eres.

Una manera con la cual he logrado conseguir que las cosas se hagan realidad, cuando sé lo que quiero, o conseguir una solución, cuando no sé cómo resolver una situación, es escribiendo. Escribe tus afirmaciones en un diario. Estas afirmaciones deben estar en el presente. "Hoy va a ser un gran día" no es la manera correcta de afirmar. *Hoy ES un gran día*, es la manera correcta. *El dinero llega a mí fácil y rápidamente.* ¿Por qué tiene que ser difícil, como tantas veces hemos escuchado?, ¿por qué no puede ser fácil y rápidamente? Esto no quiere decir que no quiero trabajar, solo quiere decir que acepto que llegue dinero a mí, porque me lo merezco. *Estoy en perfecta salud y mi pareja es perfecta para mí.* Procede y describe cuáles son esas cualidades que hacen de tu pareja una perfecta. Te digo, tu pareja, si no ha llegado, llegará. Si ya tienes una pareja, esta mejorará. Si no está capacitada para mejorar, tu pareja cambiará y vendrá la que sí cumple con tus requisitos.

Por eso hay que escribir, para lograr que tus deseos se hagan realidad. Agarra una libreta o computadora y escribe. ¿Tienes coraje? Escribe todo lo que sientes. Déjalo salir, tal como lo piensas, no dejes nada adentro, inclúyelo todo. Luego de que lo digas todo, con todas las palabras y barbaridades, cambia el enfoque. Escribe qué es lo que quieres, lo que deseas. ¿Cómo es que debe ser tu vida? Ahora quiero que escribas cómo te sientes con esta nueva vida que estás describiendo. Escribe y siente estos nuevos sentimientos de felicidad al tener esta nueva vida. Por último, agradece. Escribe para dar las gracias por

Entiéndelo: si escribes que vas a tener algo, así se quedará, en el futuro. Cuando escribes en presente lo que deseas, así se queda, en el presente y entonces llega a ti.

todo esto como si lo tuvieras ahora, en el presente, aunque aún no sea realidad. También es importante que aprendas a expresar gratitud por lo que sí tienes hoy. Entiéndelo: si escribes que vas a tener algo, así se quedará, en el futuro. Cuando escribes en presente lo que deseas, así se queda, en el presente y entonces llega a ti. Por eso es que si te preguntas, *por qué me pasa esto a mí*, mientras sientes frustración, así se queda. Si dices: *yo quiero estar sin deudas*, estarás con deudas. Tienes que decir: *tengo el dinero, qué bien me siento que tengo el dinero para pagar mi casa, los estudios de mis hijos, un viaje para mis padres, etc.*

Mientras escribes, la creatividad se desarrolla, así como los músculos se desarrollan cuando haces ejercicios. De momento, se te están ocurriendo cosas que jamás te habías imaginado. De momento sentirás el entusiasmo, un nuevo capítulo está comenzando en tu vida. Y de momento, lo que empezó con coraje, sufrimiento, pena o miedo se ha convertido en esperanza, alegría, porvenir. De momento te das cuenta que si no llega a ser por ese mal rato, no te hubieras puesto a escribir y no hubiera llegado esta única idea. Esta energía que se creó al escribir, se proyecta y como la energía sigue al pensamiento, el Universo confabula a tu favor.

¿Cómo sé que funciona? Porque llevo años practicándolo. Porque como has visto, he pasado por varios malos ratos y todas las malas experiencias, todas, el Universo las ha convertido en buenas. Porque todo lo malo es bueno. Escribe.

Escribe tus afirmaciones sobre la prosperidad. Empieza diciéndote, frente al espejo: "Me amo y me acepto como soy".

Me siento tan feliz ahora que _____

_____

_____

Ya que has escrito tus afirmaciones en todas las áreas, espero que estés llena(o) de entusiasmo. Perdona que te lo diga tanto: recuerda, vas a incorporar pequeños cambios a la vez. He creado una herramienta para apoyarte a que tomes acción de acuerdo a las sugerencias que has escogido integrar en tu vida. Te invito a que vayas a www.terebeard.com y descargues la Guía Práctica para tu Plan de Evolución:

- www.terebeard.com/recursos/guia-practica-plan-de-evolucion.pdf

Escanea este *QR Code* y baja la Guía Práctica para tu Plan de Evolución

Ahora comienza otra etapa en tu proceso de evolución. No esperes a que algo malo te pase para entender que es hora de crecer. No esperes a tener una pelea, una enfermedad, un mal rato o a quedarte sin empleo. Abre los ojos, está pendiente de tu alrededor. Salte del rebaño. ¿Qué quieres hacer con tu vida?, ¿qué te hace feliz?, ¿estás lista(o) para que te digan que a ti todo te sale bien?, ¿estás lista(o) para que el Universo confabule a tu favor? No estás sola(o). Somos muchos los que nos hemos unido a colaborar por el bienestar. En este lado, hay espacio para ti. El éxito, la abundancia, la armonía, la prosperidad y el amor son para ti. Te esperamos para compartirlos con una gran sonrisa.

Resumen del Plan de Evolución

Has visto las técnicas que he aprendido a través de los años, que me han ayudado a crecer y a darme cuenta de que puedo ser feliz a pesar de las experiencias negativas que he vivido. Como te dije al principio, no las tienes que usar todas, pero sí debes comenzar con algunas y usarlas constantemente hasta que formen parte de tu diario vivir. Espero que adoptes varias y que te ayuden a darte cuenta de que hoy estás mejor que ayer.

Así como un chef obsequia a sus invitados con un cordial luego de una buena cena, te quiero obsequiar información de cómo utilizo los aceites esenciales y los cristales. Estos no son alimentos, ni ejercicios físicos o espirituales. Sin embargo, han sido costumbres que incorporé desde que comencé a meditar. ¡A tu salud!

El regalo de la Chef

Aceites esenciales

Los aceites esenciales se utilizan de diversas maneras. La más común es mediante la activación del sentido del olfato. Otro método que me encanta es el masaje. Te recomiendo buscarte un buen masajista que sepa dar masaje linfático, pues este tipo de masaje, te ayuda a eliminar muchos tóxicos. Es importante limpiar el sistema linfático para evitar acumulación de tóxicos que se pueden convertir en tumores. Al mezclar el aceite esencial con el masaje linfático, estás activando dos sentidos, de manera que limpias con el masaje y sanas con las propiedades del aceite que tu masajista está usando.

Un tercer método, que también es favorito mío, es un buen masaje en los pies. Como ves en la ilustración, cada órgano del cuerpo está asociado con algún área de la planta de los pies. Cuando te das masajes en los pies, estás tratando estos órganos. Si sabes mezclar el aceite, podrás apoyar al funcionamiento apropiado de tus órganos.

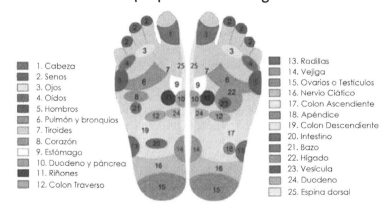

1. Cabeza
2. Senos
3. Ojos
4. Oídos
5. Hombros
6. Pulmón y bronquios
7. Tiroides
8. Corazón
9. Estómago
10. Duodeno y páncrea
11. Riñones
12. Colon Traverso
13. Rodillas
14. Vejiga
15. Ovarios o Testículos
16. Nervio Ciático
17. Colon Ascendiente
18. Apéndice
19. Colon Descendiente
20. Intestino
21. Bazo
22. Hígado
23. Vesícula
24. Duodeno
25. Espina dorsal

Aceites que ayudan a calmarte y bajar la ansiedad

En las relaciones no estás sola(o). Ya sea en tu casa, en el trabajo o con amistades, hay espacio para tener conflictos y malentendidos. En la medida que puedas, te invito a que prepares un ambiente que inspire la calma. Utiliza aceites que calmen, como la lavanda. Lo puedes poner en una vela de soya, usar el aceite en algún difusor o buscar alguna artesanía hecha de madera y le echas varias gotas del aceite a la madera. Evita calentar los aceites esenciales. Usa aceites que sean 100% puros. Usualmente, los baratos no son 100% aceite esencial.

Tal vez las personas no se darán cuenta de que cuando entran a tu área de trabajo se sienten mejor. Busca la manera de poner este aroma en el salón de conferencias o en tu habitación, es decir, en áreas donde deseas armonía y buena comunicación.

Otros aceites que ayudan a bajar la ansiedad son: **el frankincense** (resina de la planta boswellia), el cual ayuda a rejuvenecer y a concentrarse; **el geranio**, el cual inspira positivismo y paz; **el jazmín**, el cual crea un ambiente positivo y balanceado; **melisa**, **pachulí**, los cuales ayudan a calmar la piel; **mandarina**, **vetiver**, **rosa**, **limón**, que tienen propiedades para purificar; **la toronja**, para bajar de peso; y **la bergamota**, que es mi favorito, pues mezcla muy bien con muchos aceites y, además de ayudar a bajar la ansiedad, ayuda con la depresión, los parásitos en los intestinos, el insomnio y las infecciones virales. Verás que algunos aceites de la misma marca cuestan muchísimo comparados con otros. Esto se debe a que la extracción es un proceso más costoso para algunos aceites.

Dos aceites que me gustan mucho para reducir la hipertensión son el aceite de rosa y el de ylang ylang. El aceite de rosa es una de los más costosos, así que si no tienes el presupuesto, entonces te recomiendo que uses el de ylang ylang, que huele divino, es mucho más económico y de paso, ayuda a tener una piel y cabello saludable.

Aceites que ayudan a desintoxicar el cuerpo

Como has aprendido, el hígado es un órgano que debemos apoyar, limpiándolo cada vez que podamos. Utilizando el diagrama de los pies, encuentra el área que corresponde al hígado en el pie derecho y frota el área con varias gotas de cualquiera de los siguientes aceites: camomila, toronja, los cuales ayudan a energizar; junípero, salvia o romero, los cuales puedes usar como repelente de insectos. Estos aceites te ayudarán a desintoxicar el hígado.

Los cristales

Los cristales y cuarzos son creados por el planeta en procesos de unión de diferentes minerales bajo diferentes condiciones. Como todo, tienen una energía que si estás pendiente, la sentirás. A través de los años, he vivido experiencias en las que los cristales han ayudado a protegerme o han ayudado a seres queridos a evitar accidentes. ¿Cómo lo sé? Porque lo he visto. Un ejemplo es la labradorita, conocida o usada por su protección; en dos ocasiones diferentes, dos piezas distintas de labradorita se partieron sin que nadie las tocara y protegieron a dos de mis seres queridos en sus respectivos viajes. He utilizado la crisocola para calmar el dolor de un hueso roto y, como por arte de magia, el dolor se ha ido cuando acerco el cristal al hueso roto. Esto se debe a que la crisocola absorbe el dolor y la fiebre. He presenciado cómo un jefe que grita por toda una oficina, no grita en el salón donde único hay una amatista y un cuarzo rosado. Resulta que la amatista baja el coraje y la impaciencia mientras que el cuarzo rosado, es una piedra que trae paz y te protege de intrusos. Hay cristales para condiciones emocionales, físicas, mentales y espirituales. Hay muchos libros, como *The Illustrated Directory of Healing Crystals* de Cassandra Eason y *The Crystal Healer* de Phillip Permutt, que describen cómo limpiar los cristales, cómo programarlos y qué cristales usar en cada ocasión. No es brujería. Diferentes civilizaciones avanzadas los usaron, desde los egipcios, los griegos, hasta los mayas, indios norteamericanos y dinastías chinas.

Hoy en día tengo muchos cristales en diferentes formas como pirámides, esferas, varitas, extractores y pequeñas piedras. Cada forma tiene una función. Los compro en www.terraenergika.com y los uso según la condición que quiero tratar. Si tengo algún problema del sistema respiratorio, me gusta ponerme una turquesa, cornalina o malaquita. Me gusta la malaquita pues tiene efectos antisépticos. Me fascina la cornalina porque es sumamente versátil: ayuda con la memoria, la inspiración, la compasión, la digestión, revitaliza la sangre y mucho más. La crisocola, que fue la que usé con mi hueso roto, te ayuda, además, con la tiroides y la artritis. ¿Quieres que tus sueños se hagan realidad? Usa un cuarzo rutilado. ¿Quieres hablar con tranquilidad y decir lo que sientes y no tienes el valor? Usa una aguamarina o un ojo de tigre. Para protección cuando estás en oficinas con personas que no confías, usa lágrima de apache. Te maravillarás de cómo las piedras, que son seres vivientes como las plantas, perciben y te ayudan a sanar.

Libros a leer

Como *coach* de salud recomiendo que leas. La siguiente lista tiene algunos de los libros que me he leído en los últimos años y que me han causado algún impacto positivo. Si no te gusta leer, te puedo recomendar libros fáciles, como *El profeta*. Si tienes hijos, lean *La ciudad de las bestias*, es simplemente extraordinario.

Amores altamente peligrosos, Walter Riso
Describe las diferentes personas y sus condiciones sicológicas; cuáles tienen remedio y cuáles no.

Born to Win, Zig Ziglar
Cómo desarrollar un plan estratégico para alcanzar el éxito.

Chantaje emocional, Susan Forward
Es una guía de cómo hacer cuando personas allegadas nos tratan de manipular por medio de sentimientos de miedo, obligación y culpa.

El alquimista, Paulo Coelho
Aprende a escuchar tu corazón.

El monje que vendió su Ferrari, Robin Sharma
Sigue tu pasión, no el dinero. Aprende 3 cosas:
• busca algo que te guste hacer que sientas pasión
• que sea algo que deje dinero
• que seas bueno

El profeta, Khalil Gibrán
Antes de marchar de una isla, el pueblo le pide al profeta que les hable de los aspectos importantes de la vida.

Feel Free to Prosper, Marilyn Jenett

Guía para alcanzar la prosperidad en dos semanas

Goddesses Never Age, Dr. Christiane Northrup

Guía que incluye un programa de 14 días para crear una vida saludable y feliz para el cuerpo y el espíritu

How to Win Friends and Influence People, Dale Carnegie

Un libro que todo el mundo debe leer mínimo una vez. Habla de las 6 maneras de caerle bien a la gente, 12 maneras de hacer que piensen como tú y 9 maneras de hacer que cambien sin resentimiento.

La ciudad de las bestias, Isabel Allende

Primer libro de una trilogía para niños -me fascinó- que relata la aventura de un niño en búsqueda de la cura para sanar a su madre.

La llave de tu felicidad, Ma Prem Bhama

Este libro presenta un sistema que integra técnicas de yoga, meditación, tarot, escritura meditativa, visualización, afirmación positiva, coaching meditativo, mandala para la transformación y el plan de acción. Al poner este método en práctica, la energía se moverá a tu favor y te ayudará a manifestar todo lo que siempre has deseado y soñado.

La magia de pensar en grande, David Schwartz
Manual para alcanzar más en todos los aspectos
de tu vida, incluyendo el personal y en el trabajo

La novena revelación, James Redfield
Una aventura por la selva del Perú, donde el
manuscrito con los 9 secretos de la vida
se encuentra.

Life Loves You, Robert Holden and Louise Hay
Un relato de cómo ser feliz

Los ciclos del alma, Sharon M. Koenig
Una poderosa guía que describe de manera
simple, los pasos definitivos para restablecer
nuestra conexión con la divinidad y lograr vivir
nuestro verdadero propósito.

Los cuatro acuerdos, Don Miguel Ruiz
Una guía para la libertad personal

**Los secretos de las personas felices: 30
herramientas para vidas exitosas**, Lily García
Guía de las cualidades que tienen en común las
personas felices.

Lost and Found, Geneen Roth
Cómo, al perder todos sus ahorros de $1 millón,
lo ganó todo.

Misión éxito, Og Mandino
Una historia inspiradora sobre un soldado
durante la Segunda Guerra Mundial

Now, Discover Your Strengths, Marcus Buckingham
Descubre cuáles son tus 5 cualidades más fuertes
y desarróllalas.

Peak Performance Principles for High Achievers,
John R. Noe
Estrategias para subir al tope. Hay que saber
cuándo bajar y moverte lateral.

Pensar bien, sentirse bien, Walter Riso
Puedes liberarte de las trampas de la mente y
crear un nuevo mundo de racionalidad, donde
la emoción esté incluida. Un pensamiento
razonable y razonado que te lleva a crear un
ambiente motivador donde vivas mejor y en
paz contigo mismo.

The Pursuit of Perfect, Ben Shahar
Cómo dejar de buscar ser perfecto y aprender a
vivir una vida feliz y rica.

Personality Plus, Florence Littauer
Guía para entender las 4 personalidades que
existen y cómo interactuar con cada una. Incluye
prueba para identificar cuál personalidad es la
dominante en cada individuo.

Return to Zeropoint II, Ho'oponopono for a Better Reality, Robert F Ray
El concepto del perdón y la técnica ho'oponopono que ayuda a perdonar

Rewire Your Brain, John Arden
Cómo realambrar tu cerebro para alcanzar una mejor vida.

Super Immunity, Dr. Joel Fuhrman
Guía nutricional para ayudarte a vivir más tiempo, más fuerte y sin enfermedades, usando la nutrición como la solución. Incluye resultados de estudios sobre cómo mejorar el sistema inmunológico y la lista de los super alimentos.

Take Time for Your Life, Cheryl Richardson
Manual que ayuda a revisar todas las áreas de tu vida y buscar la armonía, no el balance.

The 4 Disciplines of Execution, Chris McChesney and Sean Covey
Guía para organizar tu vida y aprender a establecer prioridades cuando tienes demasiadas cosas importantes que lograr en poco tiempo.

The Honeymoon Effect, Dr. Bruce Lipton
La programación de los primeros 7 años de tu vida afectará las relaciones de adulto. Entenderlo ayuda a reprogramarte.

The Magic of Forgiveness, Tian Dayton
Guía para aprender lo importante que es perdonar y que es un proceso que toma tiempo.

The UltraMind Solution, Dr. Mark Hyman
Guía sobre cómo mejorar la salud a través de la buena nutrición. Incluye pruebas escritas para determinar las posibles deficiencias que el lector tenga.

Think and Grow Rich, Napoleon Hill
Manual para aprender a ser exitoso en cualquier aspecto de la vida.

Making Friends, Andrew Matthews
Guía para aprender a llevarte con las personas. Como contiene muchas caricaturas, es una lectura muy fácil y agradable para todos.

tuesdays with Morrie, Mitch Albom
Al enterarse de que su mentor está con una enfermedad terminal, el estudiante decide visitarlo todos los martes para obtener sus últimas lecciones.

Un mensaje de García, Charles Patrick García
Guía para que tu pensamiento sea el de una persona ganadora.

You Can Heal Your Life, Louise Hay
Relato de su vida personal y cómo descubre el arte de sanar tu espíritu y tu vida. Incluye múltiples ejercicios y la lista de enfermedades asociadas a las afirmaciones que ayudan a corregirlas.

Your Body's Many Cries for Water,
F. Batmanghelidj, MD
Recopilación de 20 años de estudios de cómo el agua nos influye en el cuerpo y la vida.

Recetas

La intención de incluir estas recetas es despertar la creatividad en ti. Si no te gustan los vegetales, hay maneras de esconderlos. Si necesitas comer postre, entonces te incluyo un truco que para mí ha funcionado muy bien. Espero que las disfrutes.

Para reducir el sodio

Pollo con mostaza y limón

- ½ pechuga de pollo (o un filete de pescado)
- 1 cda. mostaza de Dijon
- Jugo de ½ limón (preferiblemente verde)

Mezcla la mostaza con el jugo de limón. Échalo sobre la pechuga de pollo y déjalo remojar por una hora mínimo. Puedes cocinarla en un sartén o en el horno. Me gusta la técnica de usar papel de aluminio, donde en un pedazo de más del doble del tamaño de la pechuga, pongo el pollo en una tercera parte del papel, doblando el papel para crear un tipo de sobre, y sello los tres lados que están abiertos. Uno las dos hojas del papel de aluminio y los doblo dos veces en cada uno de los tres lados, de manera que quede bien sellado. Se hornea en 350°F por 15 a 20 minutos o hasta que el papel se haya inflado (como se hacía el *popcorn* hace años). Este método de hornear es magnífico cuando quieres comer bajo en grasa, pues puedes echarle vegetales y hierbas que dan sazón al alimento que estás preparando.

Para introducir vegetales en tu vida

Cuando hay personas en tu vida a quienes no les gustan los vegetales, sugiero un truco que he hecho por años. Échale unos vegetales como brécol, zanahoria, cebolla, espinaca, seta, coliflor al guiso o salsa que estés haciendo. Si es algún tipo de fricasé o si es salsa de espaguetis, mejor aún. Una vez los vegetales estén blandos, májalos con un batidor de manos. Nadie sabrá que el sabor tan rico proviene de los vegetales.

Albóndigas

- 1 taza de quinua cocida
- Una selección de vegetales bien picados y cocidos (escoge los que más te gusten):
    - Brécol
    - Espárragos
    - Cebollas
    - Pimientos
    - Setas
    - Espinaca
    - Tomates (sin cocinar)
    - Otros que te gusten
    - Un huevo orgánico batido (si no eres vegano) o Semillas de chía en agua (si eres vegano)
    - 1/3 taza de queso feta (si no eres vegano)
    - ½ taza de carne molida cocida (si no eres vegetariano)

- 1 cda. de albahaca fresco
- 1 cda. de orégano fresco
- Sal a gusto

Mezclas todos los ingredientes y formas unas albóndigas. Se hornean en 350°F por 15 minutos. Puedes servirlas con salsa marinara y una ensalada.

Panqueques (pancakes) de Vegetales

- ½ taza de harina de almendras sin cáscara
- ¼ taza de leche (almendras, coco, cashews)
- 1 huevo orgánico
- Vegetales cocidos y picados (escoge los que más te gusten):
  - Brécol
  - Espárragos
  - Cebollas
  - Pimientos
  - Setas
  - Espinaca
  - Tomates (sin cocinar)
  - Otros que te gusten
  - 1-2 cucharadas de ghee, aceite de aguacate o mantequilla
  - Opcional ¼ taza de queso parmesano

Mezclar todos los ingredientes. Poner aceite, ghee o mantequilla a calentar a fuego medio. Echar suficiente mezcla para hacer un panqueque de 3 pulgadas de diámetro. Lo cocinas por unos minutos, volteas y esperas otros minutos hasta que estén listos.

Veggie Burgers

Si tienes un extractor de jugos o un masticador podrás hacerlos mucho más fácil.

- 2 tazas de la pulpa que queda luego de hacer un jugo
- 1 taza de quinua cocida
- ¼ taza de nueces bien picadas
- ½ taza de frijoles negros cocidos
- Un huevo orgánico batido (si no eres vegano) o Semillas de chía en agua (si eres vegano)

Mezclar todos los ingredientes. Formar en hamburguesas y cocinar en un sartén por ambos lados. Servir con un alioli de cilantro. (Por favor no uses kétchup, contiene demasiada azúcar)

Sopa de vegetales

- 32 oz de caldo de vegetales o caldo de pollo
- Pedazos de:
    - Brécol
    - 1 cabeza de coliflor
    - 1 cebolla
    - 1 pimiento, sin semillas, cortado a la mitad
    - ½ libra de espinaca
    - 1/3 libra de calabaza

- 3 zanahorias
- 1 pulgada de jengibre pelado
- 2 pulgadas de cúrcuma pelada
- 1 cdta. de sal

Poner los ingredientes a cocinar en el caldo. Echar agua hasta cubrir. Una vez estén los vegetales blandos, quitarle la piel al pimiento. Majar los vegetales con un batidor de mano y servir. Puedes tomar una taza de esta sopa con cada comida. Añade fibra y nutrientes a tu día.

Para darte un gustazo sin culpa

Panqueques de chocolate oscuro

- ½ taza de harina de almendras sin cáscara
- ¼ taza de leche (almendras, coco, cashews)
- 1 huevo
- 1/3 taza de pedazos de chocolate oscuro
- ½ cdta. de vainilla o extracto de almendras
- ¼ cdta. de canela
- *Ghee* o mantequilla

Mezclar todos los ingredientes menos el chocolate y el *ghee* o mantequilla. Echar el chocolate a la mezcla. Derretir un poco de *ghee* o mantequilla en un sartén a fuego medio y echar la mitad de la mezcla. Cocinar por unos minutos, virar y cocinar por unos minutos más. Salen dos panqueques.

Helado de guineo

- 2 o más guineos
- 1 cdta. de vainilla
- Nueces (opcional)

Pela los guineos y córtalos en 3 a 4 pedazos. Guárdalos en un recipiente de cristal y congélalos. Cuando estén bien congelados (esto es clave, tienen que estar bien duros), los echas en el procesador de comida con la vainilla. Tritúralos hasta que la mezcla tenga consistencia de mantecado. Lo puedes comer de inmediato o guardar en el congelador.

Puedes echarle nueces al servirlo.

Aderezos

Vinagreta sencilla

- ½ taza de aceite de oliva
- ¼ taza de vinagre balsámico de la más alta calidad
- Sal y pimienta a gusto
- 2 dientes de ajo fresco molido

Mezclar todos los ingredientes y servir sobre ensalada, vegetales.

Vale la pena invertir en un buen vinagre balsámico, añejado. Tu vinagreta sabrá mucho mejor.

Vinagreta de Higos

- 6 higos deshidratados, cortados en pedazos pequeños

Echar los higos a la Vinagreta Sencilla y dejar remojar por varias horas antes de servir.

Si prefieres, puedes echarle albaricoques deshidratados.

Coaching **para tu salud**

Como *coach* de salud ayudo a las personas a identificar las áreas de su vida que necesitan mejorar para sentirse alegres y saludables. Se trabajan 12 áreas que incluyen las relaciones, la profesión, la actividad física, la diversión, la nutrición y la espiritualidad, entre otras, según las prioridades establecidas con el cliente durante la evaluación. También colaboro junto al médico de la persona de manera que pueda lograr sus metas y reducir el estrés.

Conmigo vas a trabajar distintas metas. Dado a que cada individuo es diferente, el enfoque para cada persona, así como su plan de acción, van a ser muy particulares. En algunos casos, nos hemos concentrado en bajar el estrés, porque lo hemos identificado como la causa de alguna condición de salud, por ejemplo, enfermedades cardiacas, acumulación de grasa, obesidad, dolores y molestias musculares, condiciones emocionales, insomnio, densidad ósea, problemas en el sistema inmunológico, el sistema digestivo, el sistema músculoesqueletal y el sistema reproductivo. Todos los casos tienen algo en común: cada persona es diferente, requiere una fórmula diferente.

> *Todos los casos tienen algo en común: cada persona es diferente, requiere una fórmula diferente.*

Sanación pránica

Pranic healing o sanación pránica es una técnica que elimina los obstáculos energéticos para permitir que el cuerpo sane. En una sesión se comienza por identificar en qué parte del cuerpo se encuentran los bloqueos energéticos y se remueven. Una vez el cuerpo queda libre de los obstáculos, se procede a enviar energía para fortalecer cada área del cuerpo y ayudarlo en el proceso de sanación. Esta técnica fue perfeccionada por Master Choa Kok Sui. A través de la sanación pránica, se trabajan condiciones físicas y emocionales, desde algo tan sencillo como un catarro hasta algo tan complejo como piedras en el riñón o cáncer. Además, trabaja con condiciones emocionales como estrés, depresión, adicciones, miedo, coraje, etc. La sanación pránica no pretende reemplazar la medicina occidental y se recomienda que consulte con su médico cuando sufre de alguna enfermedad. Ya que es una práctica que no requiere contacto físico, se puede trabajar a distancia.

Desde que me certifiqué como sanadora pránica, he trabajado desde Puerto Rico con personas que están en diferentes estados de los EEUU, desde la costa oeste hasta la costa este. Mientras viajo a dar conferencias fuera de Puerto Rico, continúo proveyendo mi servicio de sanación pránica a quien lo necesite. Dentro de los casos que más me han llamado la atención está la de un niño de casi tres años, el cual tenía un ataque de crup y no paraba de toser. Al llegar a su casa y descubrir que estaba acostado en la falda de su mamá, desconsolado, tosiendo sin parar, ofrecí hacerle sanación pránica. Su mamá rápidamente accedió, al no saber cuándo el doctor le daría una cita. En pocos minutos, digamos unos 3 minutos, el niño dejó de toser. Pasaron unos 10 minutos y el niño se sentó al lado de su mamá, unos minutos más y el niño se paró a jugar. En menos de 20 minutos de haber empezado a darle sanación, el niño estaba cantando con una gran sonrisa las canciones de Atención, Atención, su programa infantil favorito. Permaneció el resto del día y toda la noche sin toser. Le recomendé a su mamá que lo llevara al médico tan pronto pudiera. Aunque el niño luego fue diagnosticado con una enfermedad, sí pudo estar sin toser todo un día y la noche. En varias ocasiones después, cuando le ha vuelto la tos, me llaman y en el momento que puedo, sin importar que tan lejos me encuentre, le he dado sanación pránica y el niño ha dejado de toser.

Tengo varios clientes que practican ejercicios extremos y les toma uno o varios días dejar de sufrir dolores musculares. El hacerle sanación pránica horas más tarde de completar el ejercicio, les permite estar libres de los dolores musculares que usualmente sentían durante los próximos días. Hoy por hoy, programamos los ejercicios con la sanación. Ya es parte de su ritual.

Por otro lado, tengo un joven, de más o menos 21 años de edad, que por alguna razón no encuentra el deseo de buscar trabajo. Sus padres, preocupados, me contactaron. Descubrí que el área de su cuerpo relacionada a la voluntad estaba completamente bloqueada. Ese mismo día, luego de la sanación, el joven hizo todas las gestiones de llamar y buscar entrevistas de trabajo, sin que nadie se lo recordara (o regañara).

He tenido clientes que se les ha ido el dolor de garganta en el instante, que logran dormir sin pastillas para el sueño, que se les va el asma, y que hasta las piedras del riñón se desintegran y salen por la orina. La experiencia que más me gusta es cuando se les va el estrés. He tenido casos en los que el estrés se va o se reduce de tal manera, que los problemas desaparecen, el examen crucial para revalidar resulta fácil, la oportunidad de trabajo que tanto quería surge y mucho más.

Me encanta ver cómo la energía funciona de una manera tan espectacular. No soy yo quien logra la sanación. He aprendido a ser un canal para ayudar a la persona a sanar. Cada vez que practico la sanación pránica, me maravillo de los resultados tan impresionantes.

Te invito a una

Evaluación de Cortesía

Si deseas una **evaluación gratuita**, entra a mi sitio en Internet www.terebeard.com/servicios/evaluacion para solicitar la misma. La evaluación incluye una sesión conmigo para discutir los resultados.

Es esencial ver dónde estamos para decidir hacia dónde caminamos.

Para citas, te puedes comunicar a través de los siguientes medios:

www.terebeard.com/citas
tere@terebeard.com
www.Facebook.com/TereHealthCoach
787-644-8200

Además, estoy disponible para dar charlas y talleres sobre diferentes aspectos de bienestar incluyendo,
- Reduciendo el estrés
- Restableciendo un sistema hormonal saludable
- Qué nos hace bien y otros temas

Sobre la autora

Tere Beard nació y se crió en Puerto Rico; de madre puertorriqueña y padre norteamericano. En 1981, se graduó de Ingeniería Industrial de Georgia Institute of Technology (Georgia Tech), en Atlanta, Georgia. Trabajó como ingeniera industrial e ingeniera eléctrica en la industria de la defensa por 5 años y luego, se dedicó a las ventas en la industria de tecnología.

Es madre de Cristina, abogada con maestría en arbitraje y Stephanie, quien es quiropráctica. Disfruta de actividades en el mar como bucear, navegar a vela y caminar por la playa. Además, le gusta ir *hiking*, leer, hacer ejercicios, meditar, escuchar música, bailar, cocinar, aprender sobre otras culturas, viajar, reír y compartir con amistades.

Mientras trabajaba en la industria de tecnología, dedicaba tiempo para certificarse en diferentes técnicas como alambraje, *Brain Gym*, reiki, hipnosis, meditación, cristales, sanación pránica, nutrición, entre otros. Utiliza parte de su tiempo a dirigir meditaciones. Es miembro de Puerto Rico Toastmasters Club y de la junta de directores del Hogar del Buen Pastor, entidad sin fines de lucro que ayuda a las personas sin techo.

Hoy día, da charlas en Puerto Rico, los Estados Unidos y Latinoamérica para orientar a las personas a cómo mejorar sus estilos de vida con el fin de reducir el estrés o mejorar el sistema hormonal. Como *coach* de salud ayuda a individuos que desean tener una vida más saludable y a grupos corporativos que buscan aumentar la productividad. Los orienta y los apoya a eliminar los obstáculos que aumentan el estrés. Para ambos públicos, trabaja con áreas como la profesión, las relaciones, la nutrición, la actividad física y la espiritualidad, entre otras. Dentro de su práctica, integra sus conocimientos en sanación pránica, los cuales ayudan a sanar condiciones físicas como dolores musculares, catarros y cáncer, y emocionales como ansiedad, adicciones, miedos y corajes. Además, ayuda a las personas a reducir sus líneas de expresión.

Bibliografía

Allende, I. (2002). *La ciudad de las bestias*. Barcelona: Montena.

Albom, M. (1997). *tuesdays with Morrie*. New York: Anchor Books

Amen, Dr. Daniel. (2016). *Train Your Brain Conference*. New York

Arden, J. (2010). *Rewire Your Brain*. Hoboken. N.J.: Wiley.

Batmanghelidj, F. (2000). *Your Body's Many Cries for Water*. London: Tagman.

Ben-Shahar, T. (2009). *The Pursuit of Perfect*. New York: McGraw-Hill.

Bhama, Ma Prem. (2012). *La llave de tu felicidad*. Puerto Rico: Divinas Letras.

Buckingham, M. & Clifton, D. (2001). *Now, Discover Your Strengths*. New York: Free Press.

Carnegie, D. (1981). *How to Win Friends and Influence People*. New York: Simon and Schuster.

Coelho, P. (2000). *El alquimista*. Barcelona: Planeta

Dayton, T. (2003). *The Magic of Forgiveness*. Deerfield Beach, Fla.: Health Communications.

Dooley, M. (2014). *The Top Ten Things Dead People Want to Tell You*. Carlsbad, C.A.: Hay House

Eason, C. (2008). *The Illustrated Directory of Healing Crystals*. London, UK: Collins & Brown.

Forward, S. (1998). *Chantaje emocional.* : Editorial
Atlántida

Fuhrman, J. (2011). *Super Immunity.* New York:
HarperOne.

García, C. (2003). *Un mensaje de García.* Carlsbad, CA:
Hay House.

García, L. (2014). *Los secretos de las personas felices: 30
herramientas para vidas exitosas.* Puerto Rico:
Ediciones Zebra, (p. 22)

Gibrán, K. (1980). *El profeta.* Bogotá: Editorial ABC

Hay, L. (1987). *You Can Heal Your Life.* Santa Monica,
CA: Balboa Press.

Hay, L. & Holden, R. (2015). *Life Loves You.* CA: Balboa
Press

Hill, N. (1999). *Think and Grow Rich.* No. Hollywood,
CA: Wilshire Book Co.

Hyman, M. (2010). *The UltraMind Solution.* London:
Simon & Schuster.

Institute for Integrative Nutrition® (IIN®), New York 2015

Jenett, M. (2015). *Feel Free to Prosper.* N.Y.: Penguin
Random House LLC

Koenig, S. (2011). *Los ciclos del alma.* Barcelona: Obelisco.

Lipton, B. (2013). *The Honeymoon Effect: The Science of
Creating Heaven on Earth.*

Littauer, F. (1992). *Personality Plus.* Tarrytown, N.Y.: F.H.
Revell Co.

Mandino, O. (1987). *Mission: Success!* Nueva York:
Bantam

Matthews, A. (1990). *Making Friends.* Singapore: Media
Masters Pte Ltd.

McChesney, C., Covey, S., & Huling, J. (2012). *The 4 Disciplines of Execution*. N.Y.: Simon & Schuster

Noe, John R., (1984) *Peak Performance Principles for High Achievers*. Berkley, CA: Frederick Publishers, Inc.

Northrup, Dr. C. (2015) *Goddesses Never Age*, Carlsbad, C.A.: Hay House

Permutt, P. (2007). *The Crystal Healer*. London, UK: Cico Books.

Ray, R. (2012). *Return to Zeropoint II, Ho'oponopono for a Better Reality*. Bloomington, IN: Balboa Press.

Redfield, J., Adrienne, C., & Sardoy, C. (1995). *La novena revelación*. Buenos Aires: Atlántida.

Richardson, C. (1998). *Take Time for Your Life*. New York: Broadway Books.

Riso, W. (2008). *Amores altamente peligrosos*, Bogotá: Norma

Riso, W. (2004). *Pensar bien, sentirse bien*. Bogotá: Norma.

Roth, G. (2011). *Lost and Found*. New York: Viking.

Ruiz, M. (1997). *Los cuatro acuerdos*. L. San Rafael, CA: Amber-Allen Pub.

Russell, R. (1993) *Using the Whole Brain*, Norfolk, V.A.: Hampton Roads

Schwartz, D. (1960). *La magia de pensar en grande*. Trigésima séptima edición. Español. México: Herrero Hermanos

Sharma, R. (2000). *El monje que vendió su Ferrari*. Barcelona: Plaza & James.

Ziglar, Z. (1992). *Born to Win*. New York: McGraw Hill

Internet

Gráfica de meditación

Melnick, M. Meditation health benefits: What the practice
does to your body. (2013). The Huffington Post, de
http://www.huffingtonpost.com/2013/04/30/
meditation-healthbenefits_n_3178731.html

Gráfica de consumo de azúcar

Kersley, R. Sugar Consumption at a Crossroads.
(Sep 2013). Credit Suisse, de https://doc.
research-andanalytics.csfb.com/docView?language
=ENG&source=ulg&format=PDF&document_
id=1022457401&serialid=atRE31ByPkIjEXa/
p3AyptOvIGdxTK833tLZ1E7AwlQ=

Índice

aceites esenciales   185, 193, 196, 197

aeróbicos   62

afirmaciones   159, 189, 191, 206

agua   6, 56, 99, 122, 123, 156, 157, 159, 206, 208, 210, 211

Alzheimer   152, 154, 155

amor   xii, 4, 9, 14, 29, 30, 31, 36, 37, 39, 40, 44, 48, 49, 51,
        58, 59, 60, 75, 88, 43, 109, 118, 129, 132, 140, 146,
        159, 164, 167, 181, 182, 183, 184, 192

ansiedad   9, 80, 169, 177, 197, 198

azúcar   81, 85, 86, 87, 88, 98, 103, 151, 152, 154, 155, 156,
        157, 159, 160, 161, 162, 171, 210, 223

Brain Gym   133, 171, 172

Casual dining   162. 164

chocolate   159, 160, 211

coach de salud   2. 4, 84, 87, 96, 100, 135, 136, 138, 150, 163,
        166, 201, 214

comida rápida   62, 161

cristales   50, 52, 57, 185, 193. 199, 200

cuarzos   50, 51, 57, 199

Dalai Lama   118, 182

depresión   15, 16, 31, 84, 87, 88, 95, 101, 173, 177, 186, 198,
        215

desintoxicar   158, 198

diabetes   80, 103, 152, 154

dormir   9, 10, 29, 102, 103, 147, 170, 184, 185, 186, 217

ejercicios   62, 80, 94, 96, 97, 99, 100, 102, 103, 105, 119, 149,
            150, 155, 167, 168, 172, 173, 174, 178, 181, 184, 186,
            190, 193, 206, 216

energía   38, 50, 71, 95, 101, 102, 103, 138, 146, 153, 168, 169,
            171, 172, 176, 185, 191, 199, 202, 215, 217

escribir   35, 131, 134, 139, 189, 191

estirar   49, 131

estrés   80, 99, 100, 102, 124, 136, 150, 155, 169, 171, 173, 214,
            217, 219

evolución   i, iii, v, 2, 3, 5, 6, 7, 8, 21, 22, 23, 41, 43, 44, 76,
            79, 104, 107, 142, 145, 146, 148, 155, 159, 161, 167,
            174, 177, 177, 185, 192

extractores de jugo   158

fructosa   153, 154

glucosa   153, 154

gratitud   180, 190

hierbas medicinales   175, 178

hígado   80, 101, 151, 152, 153, 175, 198

hipertensión   178, 198

ho'oponopono   176, 178, 204, 222

Instituto Monroe   10, 132, 133, 180

isométricos   96, 102, 168

jugos   157, 158, 159, 210

masaje   196

meditación   10, 48, 50, 126, 138, 178, 179, 180, 182, 183,
            202, 222

obesidad   80, 152, 214

orgánica   115, 165

pesas   62, 170, 174

pilates   99, 168, 186

prosperidad   140, 146, 191, 192, 203

reflexología   196

refrescos   157, 159

registros akáshicos   133

reiki   133, 185

respiración   100, 169, 170, 179, 182

sanación pránica   50, 91, 95, 133, 135, 168, 185, 215, 216, 217

sodio   81, 162, 163, 207

sacarosa   152, 153

taichí   185, 186

tiroides   166, 200

transformación   6, 202

transición   6

yoga   168, 174, 186, 202

46284280R00133

Made in the USA
Lexington, KY
28 July 2019